Dr. Michael Spitzbart

Rhetorisch fit!

Impressum

WESSP. Werbung und Engagement für
Sport, Seminare und Publikationen GmbH
Nordring 102 · D-90409 Nürnberg
www.wessp.de

© 2002 WESSP. Verlag GmbH
1. Auflage 2002
ISBN 3-934651-25-9

Satz: WESSP. GmbH
Fotos: Thomas Riese, Gerd Grimm,
Buchhaus Campe, Nürnberg
Titelbild: © Anja Wechsler
Druck: Tümmels Inter Media

Dieses Buch wurde vom Autor sorgsam erarbeitet.
Alle Angaben, Hinweise und Empfehlungen erfolgen
jedoch ohne Gewähr. Somit können weder der Autor noch
der Verlag für etwaig entstandenen Schaden oder
Nachteile eine Haftung übernehmen.

Das Werk einschließlich aller seiner Teile ist
urheberrechtlich geschützt. Jede Verwertung ist ohne
Zustimmung des Verlages unzulässig. Das gilt auch für
Vervielfältigungen, Übersetzungen, Mikroverfilmungen
und Speicherung und Weiterverarbeitung in
elektronischen Systemen.

WESSPoly

Dr. Michael Spitzbart

Rhetorisch
fit!

Vorwort.. 6

Der rasende Referent.. 9

Die Vorbereitungen 9
Die Stoffsammlung 10
Die Zielgruppe... 11
   Was du denkst, erwartet dich 11
Der Veranstaltungszeitpunkt 15
   Wann treten Sie auf? 15
   Gibt es Vorredner? 15
Der Veranstaltungsort und die Tagungstechnik 16
Das Licht 17
Der Soundcheck 18
Die Sitzordnung 19
Die Hilfsmittel 21
Die Bekleidung 22
Welche Nahrung vor dem Vortrag? 24
Lampenfieber? 28

Checkliste 38

Das Zweitwichtigste: Der Start **43**
Beispiele für vertane Chancen 45

Wie geht's weiter? **47**
Freie Rede oder Manuskript? 47
Gestik und Mimik 48
Der Stand 51
Was tun bei Störungen? 53
Beispiele für gelungene Retourkutschen 61

Der Schluss **65**

Checkliste **67**

Reden, die begeistern **69**

Anhang **82**
Nützliche Adressen 82
Über den Autor 83

Vorwort

Viele gute Redner machen so manches falsch - und trotzdem kleben die Zuhörer an ihren Lippen. Im Saal ist es mucksmäuschenstill, und in den kunstvoll eingelegten Sprechpausen kann man eine Stecknadel fallen hören. Der Redner hat das Auditorium vollkommen in seinen Bann gezogen. Würde man so eine Veranstaltung filmen und die Kamera vom gestenreich sprechenden Vortragenden auf die Zuhörer schwenken lassen, so erscheinen diese wie verzaubert. Man sieht konzentrierte, sich selbst vergessene Gesichter, die - wie Kinder auf dem Schoß der Großmutter - gemeinsam mit dem Referenten in eine andere Gedankenwelt entrückt sind. Der Referent hat sein Publikum fest im Griff!

Andere Redner dagegen, die von A–Z die Grundregeln der Rhetorik verinnerlicht haben, schaffen es oft trotzdem nicht, ihre Zuhörer vom Hocker zu reißen. Stühle werden gerückt, es wird auf die Uhr geschaut, die Blase entleert, und vor der Tür werden mal kurz per Handy die *latest news* aus dem Büro abgefragt.

Was ist das Geheimnis der mitreißenden Redner? Was kann man von ihnen lernen für seine eigenen Vorträge und Präsentationen? Die Antwort ist einfach. Es kommt nur sehr wenig auf den Inhalt an (Grundvoraussetzung ist ja, *dass* Sie inhaltlich etwas zu sagen haben!), viel mehr ist es ist die Art und Weise, wie man seinen Inhalt präsentiert. Manche gehen sogar noch weiter und behaupten, es sei völlig egal *was* man erzählt, sondern ausschließlich *wie* man es erzählt.

Das alleinige Wissen um Rhetorik und eine noch so tolle Botschaft machen noch lange keinen guten Redner aus.

Wenn man bedenkt, dass es leider eine Zeit gab, in der ein ganzes Volk auf zweifelhafte Kriegsparolen mit willenlosem Jubelgeschrei antwortete, könnte man der überspitzten Theorie „Das Wie, nicht das Was zählt", Glauben schenken.
Rhetorik ist darum ein verantwortungsvolles Werkzeug, das immer nur zum Wohle des Zuhörers eingesetzt werden darf. Denn wer die richtigen Techniken beherrscht, der verfügt zumindest zeitweilig über einen ungeahnten Einfluss auf seine Mitmenschen.

In meinen unzähligen Vorträgen aus dem Bereich Fitness und Gesundheit musste auch ich - zeitweilig schmerzhaft - lernen, meine Botschaft überzeugend und nachhaltig dem Zuhörer zu vermitteln. Nach und nach stellte sich ein immer größerer Erfolg ein, was beweist, dass nur permanentes Üben ein rhetorisches Profil erzeugt. So wie ich es gelernt habe, Menschen zu begeistern, so können auch Sie es lernen, brillante Vorträge zu halten. Der letzte Schliff allerdings kann ohnehin nur im persönlichen Coaching vom Meister zum Schüler erfolgen.

In diesem Buch erzähle ich aus meinem reichhaltigen Erfahrungsschatz. Ziehen Sie sich alles Interessante für sich heraus und lesen Sie aber auch von meinen nicht ganz so geglückten Vorträgen - auf dass es Ihnen nicht so gehen möge!

Der rasende Referent

Meine Tätigkeit als „rasender Referent" (bis zu 150 Vorträge und Seminare pro Jahr) hat mich schon mehrmals um den ganzen Erdball geführt. Hierbei hatte ich oft Gelegenheit, meine Vor - und Nachredner anzuhören. Häufig ist das eine Strafe, manchmal interessant oder amüsant, und viel zu selten ein himmlischer Genuss, den man sein Lebtag nicht mehr vergisst. Was können wir lernen von den schlechten Reden, mit welchen Tricks arbeiten die guten Rhetoriker?

Die Vorbereitungen

Wer eine öffentliche Rede hält, sollte natürlich etwas zu sagen haben. Und damit es auch wirklich interessant wird, sollten Sie alles bestens vorbereiten. Denn sonst könnte es Ihnen gehen wie dem Redakteur, dessen Arbeit von Henry Nannen folgendermaßen charakterisiert wurde: „Ihre Geschichte hat eine starke und eine schwache Seite. Sie fängt schwach an und lässt dann stark nach."

Prior propper planning prevents poor performance.

Der eigentliche Startschuss fällt also schon lange vor der Rede, nämlich just zu dem Zeitpunkt, an dem Sie von Ihrem Auftritt erfahren. Je länger die Vorlaufszeit, desto besser. Von nun an gilt: Informationen sammeln, Hintergründe erfragen, Location testen, Hilfsmittel vorbereiten.

Die Stoffsammlung

In der ersten Phase des Brainstormings sollten Sie möglichst viele Ideen und Stichpunkte sammeln. Auch scheinbar Unwichtiges sollten Sie notieren. Gekürzt wird später. Neue Medien wie das Internet bieten sich zur Recherche an, aber auch Lexika und Fachbücher sollten zu Rate gezogen werden.

Andre Kostolany, der Börsenpapst, erzählte mir einmal wie er sich vorbereitet: Möglichst unvoreingenommen ging er an das Thema heran und sammelte zunächst alle die Stichpunkte, die für die Sache sprechen. Dann sammelte er ausschließlich die Contra-Argumente und wägte alles sorgfältig gegeneinander ab. Dann bezog er innerlich Stellung für das Thema und überlegte sich alle Argumente und Zwischenrufe, die seine Darstellung aushebeln könnten. Danach versetzte er sich in die Contra-Position und argumentierte genau umgekehrt.

Angenehmer Nebeneffekt: Durch dieses Gehirnjogging kam er im Vortrag mit nur ganz wenigen Stichpunkten aus, die er sich vorher notierte. Und keine Einwände, Zwischenrufe und Gegenargumente konnten ihn aus der Fassung bringen. Jeder, der das Vergnügen hatte, einem seiner kurzweiligen Vorträge zu lauschen, weiß wie souverän und spritzig er seine Zuhörer begeisterte.

Nach dem Brainstorming werden die Argumente zusammengefasst und in Untergruppen gegliedert. Alles Unwichtige fliegt raus. Ungeübte sollten den Vortrag ausformulieren. Aber immer darauf achten: Es wird eine Rede, kein Buch! Darum kurze Sätze, keine Verschachtelungen, möglichst viele Beispiele.

Auch wenn alles steht, sollte Ihr Vortrag weiter überarbeitet werden. Wenn Sie nur eine Nacht darüber schlafen, so fliegen Ihnen am nächsten Tag oft noch bessere Formulierungen und Beispiele zu.

Durch mehrmaliges, lautes Vortragen, bei dem Sie auch schon der Gestik und Mimik freien Lauf lassen, üben Sie den Vortrag ein. Mit einer Videokamera können Sie sich selbst kontrollieren. Oder Sie bitten Ihre Familie und Freunde um eine Audienz, in der Sie den Vortrag vorab schon einmal zu Gehör bringen. Jede konstruktive Kritik ist willkommen.

Die Zielgruppe

Was du denkst, erwartet dich
Zu einem weisen Mann kam ein Fremder, um sich in dessen Stadt niederzulassen. Er fragte ihn: „Was für Leute wohnen hier?" Der Weise aber wollte zuerst wissen: „Was für Leute wohnen in deiner Heimatstadt?" - „Ach, unfreundliche und egoistische Menschen!" „So", entgegnete der Weise, „die gleiche üble Sorte wohnt hier!"
Bald kam ein anderer zu ihm mit derselben Frage. Auch diesem stellte er zuerst die Gegenfrage: „Was für Menschen wohnen in der Stadt, in der du bisher wohntest?" Der Fremde sagte „Ich ziehe nur ungern hierher; denn dort wohnen sehr liebenswürdige Menschen!" Da

beruhigte ihn der Weise: „Solch' prächtige Menschen warten auch hier auf dich!"

Natürlich muss man die Leute da abholen, wo sie stehen. Vor wem rede ich? Welche Vorbildung darf man voraussetzen? Welche „Sprache" sprechen die Teilnehmer? Es lohnt sich immer, dieses Umfeld einer sorgfältigen Recherche zu unterziehen und möglichst viele Informationen zu sammeln.

Am dankbarsten ist es, als Experte vor völligen Laien zu sprechen. Hier besteht die hohe Kunst darin, komplizierte Sachverhalte einfach darzustellen. Höchstens 10 % des Wissens darf hier im Vortrag wiedergegeben werden, damit sich die Teilnehmer nicht innerlich verabschieden. Und jeder glaubt Ihnen, dass Sie Ihre Fachtermini beherrschen. Also brauchen sie in Ihrem Referat nicht alle zu erscheinen! Trotzdem dürfen die Teilnehmer etwas dazu lernen! Fremdworte spärlich einsetzen und gut erklären.

Ab und zu steht auch schon einmal ein Oberlehrer auf der Bühne, der lateinische oder griechische Zitate benutzt - und dann nicht erklärt und übersetzt. Das ist an Arroganz kaum zu überbieten. Und wenn man schon Zitate benutzt, sollten sie auch bitte nicht so abgegriffen sein, dass sie schon jeder kennt!

Weniger angenehm als ein Vortrag vor Laien ist es, wenn man vor teilweise vorgebildetem Publikum spricht. Der Vorbildungsstand ist nicht unbedingt bei allen der gleiche. Manche sind gelangweilt, andere schon wieder überfordert. Und oft genug sitzt das geborene Halbwissen in der ersten Reihe und möchte mit den Großen mitreden. Hier dürfen und müssen auch schon einmal Fachworte eingeflochten werden, damit das Publikum nicht glaubt, Sie halten es für ungebildet.

Am undankbarsten ist die Aufgabe, als Experte vor Experten zu referieren. Hier sollte man sich warm anziehen. Als Lehrer vor Lehrern, als Ingenieur vor Ingenieuren, als Arzt vor Ärzten - hier gerät man sehr leicht in die Bredouille. Nicht umsonst gibt es das Sprichwort: „Wenn zwei Ärzte das Gleiche sagen, dann ist einer von den beiden kein Arzt". Der einzige Tipp, den man hier geben kann, lautet: Die Zuhörer auf ein Teilgebiet führen, auf dem sie sich nicht so gut auskennen, ansonsten ist das Koryphäensterben schon fast vorprogrammiert.

Sind alle Tagungsteilnehmer aus dem gleichen Land, der gleichen Sprache mächtig? Wird simultan übersetzt? Falls ja, muss noch langsamer gesprochen werden. Gönnen Sie den Übersetzern etwas Zeit, damit Sie auch in der Übersetzung gut herüberkommen. Schwierige Passagen und Fachtermini sollten zuvor mit den Dolmetschern besprochen werden. Achtung: Ihre Übersetzung kommt oft mit 1 bis 2 Sätzen Verzögerung beim Publikum an. Anlässlich einer Veranstaltung für AT & T auf der Messe in Basel, die man gleichzeitig in 3 Sprachen übersetzte, wurde ich unverhofft aus dem Konzept gebracht: Nach einer lustigen Passage mit erstaunlich wenig Publikumsresonanz brüllte kurz darauf der Saal, als ich eigentlich schon wieder bei einem ernsten Thema war. Da kommt man als Referent ganz schön ins Wanken ob der plötzlichen Heiterkeit, und kontrolliert vorsichtshalber den Hosenschlitz und andere Quellen der Peinlichkeiten. Doch hinterher stellte sich heraus, dass der unverhoffte Lacherfolg lediglich an der Zeitverzögerung der Übersetzung lag.

Je mehr Informationen Sie im Vorfeld gewinnen können, desto besser. Und wenn man schon vorher weiß, dass die Aufgabe nicht die einfachste wird und Sie als Vorstandsvorsitzender auf der Aktionärsversammlung eine Gewinnwarnung (ein Unwort!) verkaufen müssen, so kann sich bei längerer Vorbereitungszeit Ihr Computer im Gehirn schon auf das Gemetzel vorbereiten. Denn wir alle wissen, wenn eine schwierige Aufgabe auf uns zukommt, rattert es schon tage- und wochenlang vorher in unserem Gehirn: Beim Joggen, beim Autofahren, beim Einkaufen – sogar im Schlaf träumen wir von dieser Situation. Ganz wichtig: Unser Unterbewusstsein beschäftigt sich mit den schwierigen

Joggen ist eine gute Möglichkeit, Schwierigkeiten schon im Vorfeld zu bearbeiten.

Fragen, unangenehme Zwischenrufe werden vorab schon einmal im Traum beantwortet und helfen uns dann in der realen Situation. Gott sei Dank sind solche Auftritte sehr selten.

Der Veranstaltungszeitpunkt

Wann treten Sie auf?
Morgens ist Ihr Publikum frischer als abends. Sind Sie gleich nach dem Mittagessen dran? Wenn der Biorhythmus der Teilnehmer gegen Sie arbeitet, so müssen Sie sich etwas besonderes einfallen lassen. Man kann die Zuhörer bitten, sich kurz zu erheben um einige Dehnungsübungen durchzuführen. Leichtes Laufen auf der Stelle regt den Kreislauf nachhaltig an und bringt mehr Blut und Sauerstoff in das Gehirn. Erfahrungsgemäß bietet die Bewegung eine willkommene Abwechslung und verändert die ganze Atmosphäre im Saal. Aus passiv wird aktiv.

Gibt es Vorredner?
Ein Blick auf die Agenda lohnt sich immer! Bei schwachen Vorgängern empfiehlt es sich nahtlos weiterzumachen, um dem Publikum schnell klar zu machen, dass Sie dem bisherigen Martyrium schnell ein Ende bereiten werden. Dann ist der positive Kontrast zum unmittelbaren Vorredner besonders deutlich und Ihr Vortrag wird im direkten Vergleich noch stärker erscheinen.

Bei bekannt guten Vorrednern sollten Sie einen nahtlosen Wechsel tunlichst vermeiden und auf eine Pause bestehen, in der die Zuhörer wieder etwas „herunterkommen". Dadurch liegt die Messlatte für Ihren Einstieg nicht ganz so hoch.

Der Veranstaltungsort und die Tagungstechnik

Prüfen Sie in jedem Fall den Veranstaltungsort. Ideal ist es am Vorabend, spätestens aber eine Stunde vor Ihrem Auftritt. Man sollte sich mit dem Ambiente schon vorher vertraut machen, damit Sie sich auch innerlich auf den Vortrag einstellen können.

Funktioniert der Beamer, stimmen die Anschlussstecker, passen meine Dias in das Projektorsystem? Ungern denke ich an einen Professor zurück, den ich für einen meiner Kongresse verpflichtet hatte. Um Punkt 9.00 Uhr war Beginn, und knapp drei Minuten vorher erschien der Professor mit der Frage: „Bei wem gebe

Eine so beispielhafte Tagungstechnik wie hier im Schindlerhof Nürnberg finde ich leider nicht immer bei Vorträgen.

ich meine Dias für den Vortrag ab?" Das Problem: Einen runden Diawagen führt auch der beste Techniker nicht in drei Minuten in ein eckiges System ein. Die nächsten 20 Minuten verbrachten Techniker und Professor dann damit, einen passenden leeren Diawagen zu suchen und Dias von einem System ins andere umzuräumen. Sie können sich vorstellen, wie interessant und spannend das für die über 200 zahlenden Kongressteilnehmer war.

Also: Sie sind verantwortlich, dass von der ersten Minute an alles rund läuft. Sie stehen vorne, und selbst wenn jemand anderes einen Fehler verursacht hat, Sie müssen ihn ausbaden. Also lieber alles dreimal checken, genügend Vorlaufzeit vor dem Vortrag mitbringen.

Das Licht

Achten Sie auf die Beleuchtung! Eine Unsitte besteht darin, mit der ersten Präsentationsfolie das Raumlicht herunter zu fahren. Gerade nach dem Mittagessen lädt das dann zu einem willkommenen Verdauungsschläfchen ein. Die modernen Overhead-Projektoren und Reamer sind so lichtstark, dass der Raum gar nicht mehr abgedunkelt werden muss. Der gute Redner hat Augenkontakt mit seinem Publikum. Das geht nicht im Dunkeln. Also bei Tageslichträumen: Vorhänge auf, Luft und Licht rein!

Bei Abendveranstaltungen oder in fensterlosen Räumen (so was gibt es immer noch!) darf nicht nur die

Bühne angestrahlt sein, auch das Raumlicht sollte hochgefahren werden. Nicht nur Sie müssen gesehen werden, auch Sie müssen zum Publikum Blickkontakt halten können. Bei sehr großen Veranstaltungen geht das leider nicht. Bei meinem bisher größten Vortrag in der Dortmunder Westfalenhalle vor 15 000 Menschen steht man auf der Bühne im gleißenden Scheinwerferlicht und dahinter ist alles schwarz! Theoretisch könnten alle Menschen den Saal verlassen, der Redner steht vorne vor leeren Rängen und hat gar nichts davon bemerkt. Da wird man erst vom Schlussapplaus erlöst und weiß erst dann, dass das Publikum so höflich war und bis zum Ende zuhörte.

Der Soundcheck

Testen Sie die Akustik! Bis 100 Personen benötigen nur zarte Stimmen ein Mikrofon. Wenn man länger reden wird oder mehr Personen im Raum sind, empfiehlt sich eine Verstärkeranlage. Ich bevorzuge immer ein Krawattenmikro oder Headset, damit die Hände frei sind für die Gestik. Ganz ungünstig sind die fest montierten Mikrofone auf dem Rednerpult, hinter denen man dann wie festzementiert stehen muss.

Empfehlenswert ist es, einen Soundcheck vor dem Vortrag durchzuführen. Gibt es Rückkopplungen? Bestehen Funklöcher, von den aus der Mikrofonimpuls nicht empfangen werden kann? Ganz wichtig ist es, dass die Höhen und Tiefen der Übertragungsanlage gut ausgesteuert sind. Gerade bei älteren Anlagen braucht man einen guten Tontechniker, der Ihre Stimme perfekt aussteuert. Sonst endet Ihr Vortag in einem blechernen, monotonen Singsang ohne Nuancen, ohne Höhen und Tiefen, und selbst das interessierteste Publikum entschwindet in Orpheus Armen. Wenn erst während Ihres Vortrages die Stimme optimiert wird, verschenken Sie viel Klangqualität gerade bei den wichtigen ersten Sätzen.

Die Sitzordnung

Wenn man auf die Sitzordnung Einfluss nehmen kann, so sollten Sie dies unbedingt tun. Am liebsten wähle ich die **Kinobestuhlung**. Hier sitzen die Teilnehmer eng zusammen und der Funken springt viel schneller über. Wenn Menschen lachen oder anderweitig emotional berührt werden, suchen sie Kontakt zu ihren Mitmenschen. Sie schauen sich gegenseitig lachend in die Augen und die Schwingung potenziert sich. Es gibt immer

Sitzordnung? Am liebsten Kinobestuhlung!

Frohnaturen mit niedriger Lachschwelle, die schon nach kurzer Zeit den ganzen Saal „infiziert" haben. Achtung: Immer darauf achten, dass die Stühle einigermaßen abgezählt sind. Lieber zu wenig als zu viel Stühle! Man kann immer noch Stühle bereit halten. Bei Ihren Vorträgen soll sich herumsprechen: „Dieser Redner ist so toll, da musst du dir deinen Stuhl selbst mitbringen!".

Bei **parlamentarischer Sitzordnung** (Stühle und Tische) sitzen die Teilnehmer schon deutlich weiter auseinander. Wer an die Emotion der Leute appelliert - sprich einen empathischen Vortrag hält - will das Wissen mittels Gefühl vermitteln. Hier ist mitschreiben eher kontraproduktiv, da uns der Schreibvorgang in der rationalen Welt fesselt. Fachbücher haben die Leute zu Hause, die brauchen nicht während eines Vortrages verfasst zu werden. Tische sind also nicht unbedingt notwendig.

Eine **Hufeisenform** bietet sich eher für ein firmeninternes Brainstorming an, weniger für einen zündenden Vortrag. Der **Stuhlkreis** sollte dem Lehrerseminar vorbehalten bleiben und eignet sich nicht für einen frontalen Vortrag.

Manchmal kann man aber auch bei bester Planung nichts mehr ausrichten. Einmal sollte ich anlässlich einer Messe in Nürnberg einen Vortrag halten. Freitag Nachmittag, letzte Veranstaltung vor Messeschluss. Es war ein traumhaft schöner Frühsommertag und die Teilnehmer dachten nur noch an die freie Fahrt ins Wochenende nach der anstrengenden Messe. Der Veranstalter hatte sich große Mühe gegeben, eigens Franz

Alt als Moderator einfliegen lassen, aber wir waren fast die Einzigen im großen weiten Saal. Ganz vereinzelt saßen Personen im viel zu großen, parlamentarisch bestuhlten Vortragsraum. Hier kann kein Funke überspringen, die ganze Energie verpufft im leeren Saal.

Auch gut gemeinte Versuche, die letzten Reihen zu sperren, um die Teilnehmer vorne zu bündeln, schlagen regelmäßig fehl. In Deutschland kann es gar nicht genug letzte Reihen geben! Darum lieber zuvor eine künstliche Sitzplatzverknappung herbeiführen, um gerade die wichtigen vorderen Ränge zu füllen. Nachbestuhlen kann man immer noch.

Die Hilfsmittel

Es ist immer hilfreich und sinnvoll, Hilfsmittel einzusetzen. Wenn man die Augen beschäftigt, gehen die Ohren auf! Doch Vorsicht: Es sind Hilfsmittel! Manche Redner überfahren ihr Publikum mit kompliziertesten Charts und Grafiken. Hier schalten die Zuhörer prinzipiell ab, und die Ohren gehen nicht auf, sondern zu. Mancher denkt sich peinlich berührt, dass ihm die intellektuellen Fähigkeiten für das Verständnis der komplexen Diagramme fehlen. Aber dem Sitznachbarn, da kann man sicher sein, geht es nicht anders. Keiner sagt was, und der Referent denkt es wäre alles in Ordnung. Dabei sollten ihn die vielen geschlossenen Augen nachdenklich stimmen.

Benützen Sie Flipcharts, Overhead-Folien oder Powerpoint-Graphiken sparsam, sowohl in der Menge als auch von den Inhalten! So mancher Vortragende legt eine Folie nach der anderen auf und macht damit sein Publikum schwindelig. Eine häufig zu beobachtende Unsitte besteht auch darin, trotz Zeitmangel noch eine Folie aufzulegen, die dann gar nicht mehr besprochen werden kann. Im Zweifel also immer lieber weglassen.

> „If in doubt, leave it out!"

Die Bekleidung

Morgens vor dem Kleiderschrank sollten Sie tunlichst das dezentere Outfit wählen und nicht das knallrote Jackett, das Ihnen ein genialer Verkäufer irgendwann einmal aufgeschwatzt hat. In den allermeisten Fällen wird Businessgarderobe angeraten sein. Verschenken Sie nicht schon vorab Glaubwürdigkeit und Autorität durch zu legere Kleidung.

Damen haben natürlich eine größere Auswahl: Anzüge, Kostüme, Kleider, Röcke etc., darum gibt es für die Damenwelt nicht ganz so strenge Vorschriften. Außerdem besitzen die Damen meist einen treffsicheren Geschmack. Das kann man bei Männern nicht zwingend voraussetzen. Erinnern wir uns an den deutschen Ex-Finanzminister Theo Waigel, der die passende Kombination von Anzug, Hemd und Krawatte schon beim Einkauf abfotografierte, um später vor dem Kleiderschrank dank der Referenzfotos sicher auf die entsprechende Kombination zurückgreifen zu können. Das ist sicherlich ein probates Mittel, um Geschmacksverirrungen vorzubeugen. Einziger Rat für die Damen: Wer vorne steht, sollte nicht zu viel freie Haut zeigen. Je freizügiger die Kleider, desto geringer die Glaubwürdigkeit!

Für den Herrn gilt also Anzug oder Kombination, Hemd und Krawatte. Die Krawatte sollte bis zur Mitte der Gürtelschnalle reichen. Wenn die Krawatte schon vorher auf halbem Wege „verhungert", so sieht das nicht gerade vorteilhaft aus. Das Gleiche gilt umgekehrt für den zu lang geknoteten Binder, der auf das Ende vom Hosenschlitz zeigt.

Socken sind immer dunkler als Anzug und Schuhe! Die Tennissocken sollten ohnehin langsam aufgetragen sein. Modebewusste Männer holen sich gerne Anregungen in Italien, wie z.B. Karl-Heinz Rummenigge: Er

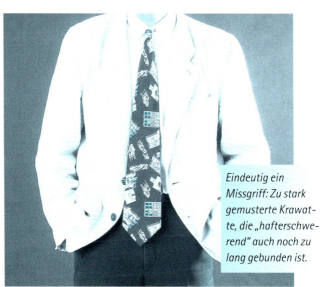

Eindeutig ein Missgriff: Zu stark gemusterte Krawatte, die „hafterschwerend" auch noch zu lang gebunden ist.

trägt nie Socken, nur Kniestrümpfe. Denn es sieht wirklich nicht ganz so toll aus, wenn bei übergeschlagenen Beinen käsige Haut zum Vorschein kommt.

Ausnahmen zu diesen strengen Regeln bilden Vorträge auf Hawaii oder Mauritius unter freiem Himmel, wozu man immer viel zu selten eingeladen wird. Hier sind dann sogar kurze Hosen und ein am Hals offenes Hemd erlaubt.

Unmittelbar vor dem Vortrag geht man dann noch mal zur Toilette. Falls man schon verkabelt ist, sollte man sicher stellen, dass der Sender des Mikrofons ausgeschaltet ist. Ein letzter prüfender Blick in den Spiegel, Sie kontrollieren den Sitz der Krawatte, die Frisur, die Bluse, und möchten ganz sicher wissen, dass der Reißverschluss vom Hosentürchen auch wirklich geschlossen ist. Es ist unvorstellbar, wie sich die Zuhörer durch viel banalere Äußerlichkeiten (etwa eine schief sitzende Krawatte) von Ihrem Vortrag ablenken lassen.

Welche Nahrung vor dem Vortrag?

Auch wenn alle anderen vor Ihrem Vortrag das Mittagsbüfett stürmen - Sie bitte nicht. Nur der hungrige Wolf läuft gut! Wenn Sie sich gerade in der Verdauungsphase befinden, haben Sie Ihr Blut nämlich im Bauch und nicht im Hirn, wo es jetzt eigentlich hingehört. Also alles zu seiner Zeit.

Langkettige Kohlenhydrate unterstützen Ihre Konzentrationsfähigkeit. Meiden sollten Sie „schnelle"

Zucker. Alles was süß schmeckt wird im Darm schnell aufgenommen und führt zu einem starken Blutzuckeranstieg. Prompt erfolgt die Gegenregulation durch Insulin, und schon 10 Minuten später befindet sich der Blutzuckerspiegel tiefer als vor der süßen Nahrungsaufnahme. Und darunter leidet Ihr Hirn und damit Ihre Spritzigkeit.

Negativ sind also Traubenzucker (Dextro-Energen), Candy-Bars, Schokolade etc. Hilfreich dagegen sind langkettige Kohlenhydrate, die ihre Zuckermoleküle nur langsam freisetzen und deswegen niemals eine starke Insulinausschüttung provozieren. So verfügen Sie während Ihres Vortrages über einen leicht erhöhten, kontinuierlichen Blutzuckerspiegel, der mindestens 2 Stunden anhält. Erlaubt ist also ein Vollkornbrötchen, ohne Butter, Wurst oder Käse. Denn das Fett lähmt wiederum die Verdauung und macht ebenfalls müde. Auch gut sind Bananen, Kartoffeln und Müsli.

Und immer dran denken: Achten Sie darauf, dass während des Vortrages Wasser für Sie bereit steht. Unter Stress wird der Mund trocken. Das hängt mit dem vegetativen Nervensystem zusammen. Es gibt nichts unangenehmeres als mit trockenem Mund zu sprechen. Die Zunge klebt wie ein Staubtuch am Gaumen und man fühlt sich wie ein Verdurstender in der Wüste. Bei einem sehr wichtigen Vortrag, dem deutschen Management Symposium in München, hatte ich vergessen mich selbst um das Wasser zu kümmern. Und trotz bester Organisation war diese Kleinigkeit vom Veranstalter vergessen worden. In meiner Not habe ich die Bühne verlassen und eine Exkursion ins Publikum unternommen, das bestens mit Getränken versorgt war. In der ersten Reihe habe ich dann einen freundlichen Teilnehmer gefragt, ob er mir „einen ausgibt". Gut ausgestattet mit Flüssigkeit habe ich dann den Rückzug auf die Bühne angetreten. Ein Bekannter im Publikum erzählte mit hinterher, dass die Mundtrockenheit auch für die Teilnehmer deutlich hörbar war.

Achten Sie auf stilles Wasser. Es ist nämlich ganz schön peinlich, wenn Sie von der Kohlensäure aufstoßen müssen und ein Bäuerchen gleich ins Headset machen. Manchmal stelle ich mir auch einen Espresso bereit, um mich bei nachlassender geistiger Frische noch einmal zu „dopen". Auch kurz vor dem Vortrag wirkt Kaffee oft Wunder, besonders wenn Sie ihn sonst nicht so oft trinken.

Lieber nicht! Kohlensäurehaltiges Wasser, schnelle oder kurzkettige Zucker, Alkohol.

Carola Ferstel hat das einmal missverstanden. Die Börsenqueen sollte mich für meinen Vortrag nach dem Mittagessen anmoderieren. Gerne spreche ich mich mit den Moderatoren vorher kurz ab, aber Frau Ferstel war nirgends zu sehen. Erst eine Minute vor dem Vortrag kam Sie auf mich zu und fragte mich, was sie denn jetzt noch tun könnte, um schnell fit zu werden. „Eine Minute vorher können Sie eigentlich nur noch einen Espresso trinken", antwortete ich. Und mit dieser Information moderierte mich die Queen an. „Soeben habe ich den Referenten gefragt, wie ich schnell fit werden kann. Sein ultimativer Fitnesstipp lautet: Trinken Sie Espresso! Da kann man auf die weiteren Ausführungen nur gespannt sein." Eine wirklich professionelle und gelungene Anmoderation.

In Ordnung: Wasser ohne Kohlensäure, Vollkornprodukte und Obst, evtl. ein Espresso vor dem Start.

Lampenfieber?

Eines Tages kam zu Sokrates sein Lieblingsschüler Alkibiades. Dieser war sehr intelligent und klug, aber auch unglaublich schüchtern.
„Meister, ich habe Angst , eine öffentliche Rede zu halten. Wenn ich nur daran denke, bricht mir schon der Schweiß aus", meinte Alkibiades.
Sokrates fragte ihn: „Würdest du dich denn fürchten, wenn du die Sache, das Vorhaben deiner Rede, die Hauptpunkte deiner Überzeugung, das Anliegen deines Geistes und Herzens deinem Gerber darzulegen hättest?"
„Wie sollte ich?"
„Oder wenn du sie einem Kaufmann zu entwickeln hättest?"
„Gewiss nicht."
„Aber vielleicht wärest du bange, dem Hausnachbarn deine Gedanken mitzuteilen?" Nun wurde Alkibiades, trotz aller Verehrung des großen Philosophen, doch ein wenig ärgerlich.
„Aber nein, das tue ich ja alle Tage!"
Darauf erklärte der weise Sokrates lächelnd: „Dann überlege dir doch, mein Alkibiades , dass die Volksversammlung aus nichts weiter besteht, als aus lauter Menschen, zu denen du einzeln ganz unbefangen hintreten und sprechen würdest. Warum dann nicht, wenn sie beisammen sind?"

Lampenfieber ist normal! Seien Sie froh und dankbar für jedes Lampenfieber. Auch routinierte Redner oder Schauspieler berichten immer wieder über ihre vermehrte innere Anspannung kurz vor dem Auftritt. Man

Auch „alte Hasen" im Rednergeschäft sind vor einer Rede angespannt und konzentriert.

braucht eine gewisse Spannung, um hellwach und konzentriert auf der Bühne zu stehen. Diese Anspannung verleiht uns eine geistige Frische, mit der wir unserem Publikum immer überlegen sind. Wir haben das Adrenalin im Blut, nicht der Zuhörer. Und genau das ist unsere Chance!

Wer vorne steht befindet sich immer auf einem deutlich höheren Energieniveau, und genau diese Kraft können Sie gebündelt in Ihren Vortrag fließen lassen. Kaum eine Randbemerkung wird Sie aus der Fassung bringen, was Ihnen ohne diesen Energieschub durchaus passieren könnte. Selbst Leute die sonst von sich behaupten: „Nach 10 Minuten bin ich schlagfertig" können dank dieser Energie prompt und gekonnt Paroli bieten.

In den letzten 10 Minuten vor einem Vortrag ziehe ich mich grundsätzlich zurück, um mit mir allein die ersten Sätze noch einmal durchzugehen und um mich dabei in mehreren Durchgängen - wie ein Preisboxer der zum Ring läuft - auf eine höhere Energiestufe zu „pumpen". Wenn ich das einmal vergesse oder daran gehindert worden bin, so leidet spürbar die Qualität des Vortrages und ich ertappe mich dann auf der Bühne bei dem Gedanken: „Was ist denn das für ein lahmer Zock!" Erst nach dieser Erkenntnis kann man dann wieder bewusst Gas geben.

Gerade am Anfang brauchen Sie ungeheure Kraft, um das Publikum zu bewegen. Die ersten 10 Minuten müssen Sie powern und Ihre Energie versprühen, um die Funken effektiv überspringen zu lassen. In Deutschland tut man sich schwer, die verschränkten Arme und die skeptischen Mienen zu knacken. Natürlich dürfen Sie nicht alle Menschen über einen Kamm scheren, die anfangs die Arme überschränken. Nicht alle drücken durch Ihre Körpersprache unbewusst ihre skeptische und ablehnende innere Grundhaltung aus. Nicht alle. Höchstens 95 %!

Aber wenn Ihr Feuer, Ihre innere Energie, der enthusiastischer Glanz Ihrer Augen die ersten Zuhörer erst einmal angezündet hat, dann wird's richtig schön! Man kann förmlich zuschauen, wie die ersten Zuhörer erfasst werden von Ihrer Kraft und sich die Energie dann im Saal immer weiter ausbreitet. Wie von einer Parabolantenne wird Ihre versprühte Energie gebündelt und Sie erhalten diese Kraft vielfach verstärkt zurück. Je mehr Zuhörer, desto stärker die Woge der Kraft, die

Entfesselte und entspannte Zuhörer können beim Redner schon mal eine Art „Runner's High" erzeugen.

zurückfließt und auf der Sie von nun an „surfen" für den Rest Ihres Vortrages. Zuerst geben Sie Kraft ab an das Publikum, danach erhalten Sie die potenzierte Energie zurück - die dann natürlich sofort wieder in die nächsten Sätze fließt. In Ihre Gestik, in Ihre Mimik, in Ihre geballte Ausdruckskraft. Da kann man als Referent vor der entfesselten „Meute" schon einmal eine Gänsehaut bekommen: Oft erfährt man ein wahres *Runner's High* beim Reden. Nach diesem Glücksgefühl kann man richtig süchtig werden! Eine leichte Gänsehaut kribbelt über Ihren Rücken, Sie sind völlig im Hier und Jetzt, leben voll im Augenblick, die Worte sprudeln nur so aus Ihnen heraus. Sie gehen ganz in dieser Situation auf. Psychologen nennen diesen wunderbaren Glückszustand „Flow". Schon nach einer Woche ohne Vortrag werde ich innerlich kribbelig und suche sehnsüchtig im Kalender nach dem nächsten Auftritt.

Angenehm ist auch ein Vortrag vor Zuhörern, die sich bereits gegenseitig kennen. Entweder am zweiten Tag einer Kongressveranstaltung oder innerhalb einer Firma. Hier hat man viel weniger gegen diese sonst so häufige skeptische innere Grundhaltung zu kämpfen, die Dieter Durchschnitt so ganz allein in der Wildnis gerne ausstrahlt. Wenn sich das Auditorium anfangs nicht nur gegen Sie, sondern auch gegen die unbekannte Umwelt einen Schutzwall aufbaut, dauert die Eintrittsphase in die Gefühlswelt der Teilnehmer entsprechend länger.

Jeder Referent hat auch einmal einen schlechten Tag, aber je professioneller Sie werden, desto weniger spürt es das Publikum. Woher soll es denn auch wissen, wie gut Sie sonst drauf sind? Es fehlt der direkte Vergleich. Und manchmal spüren Sie genau, dass Sie selbst bestens drauf sind, und trotzdem geizt das Publikum mit Reaktionen. Denn der Energielevel, der zurückströmt, hängt auch ganz entscheidend von den Teilnehmern ab. Manchmal spürt man förmlich die knisternde Atmosphäre im Saal, bevor man überhaupt den Mund aufgemacht hat. Typischer Weise knistert es besonders bei einem hohen Unternehmeranteil im Auditorium. Diese Berufsgruppe ist meist offen für Neues und schaut eher optimistisch in die Zukunft. Ohne diese positive Grundhaltung wären sie nämlich sicher keine Unternehmer, sondern Unterlasser.

Vor einigen Jahren hielt ich einen Vortrag vor ausschließlich Direktoren. Direktoren - alles „Macher"! Mit dieser Einstellung reiste ich zu diesem Vortrag an.

Erstaunt war ich dann von der fehlenden Spannung im Saal, als ich dem letzten Vortrag vor dem Mittagessen zuhörte. Statt Ausstrahlung empfing mich eine gewisse Leere! Ein großes tiefes schwarzes Loch im Universum, welches sämtliche Energie ins unendliche Nichts verschwinden ließ. Während des Mittagessens saß ich neben dem Präsidenten der Verwaltungsdirektoren. Im Gespräch fragte ich ihn dann nach den gewaltigen aktuellen Herausforderungen im Gesundheitswesen, und wie er mit dieser sicherlich enormen Belastung fertig würde. Die Antwort: „Ach wissen Sie, ich bin jetzt fünfzig Jahre alt. Und da denke ich mir, die Jungen sollen auch mal ran!" Innerlich hatte der Präsident dieses Verbandes also schon längst gekündigt. Diese desinteressierte Einstellung des Präsidenten hatte sich leider schon längst auf viele Mitglieder übertragen. Entsprechend motivationslos war dann auch die Resonanz auf meinen Vortrag.

Der Pessimist sagt: „Schlimmer kann´s nicht mehr kommen" - Kontert der Optimist: „Ha, hast Du eine Ahnung!"

Manche Menschen erlauben sich - vielleicht als Selbstschutz - nur geringe Stimmungsschwankungen. Niemals himmelhoch jauchzend, niemals zu Tode betrübt. Sicherlich ist man mit so einer sparsamen Spannweite der Stimmung vor Enttäuschungen besser gefeit. Leider bleibt dann aber auch die Hochstimmung aus. Alles versinkt in der gleichen grauen indifferenten „Gefühlssoße". Als Redner glaubt man dann vor einem Nichts zu stehen, und ist regelrecht überrascht, wie oft nach solchen scheinbar nicht gezündeten Vorträgen Teilnehmer auf Sie zukommen: „Das war aber interessant, kann man das auch irgendwo nachlesen?"

Vorsicht vor der „Nachtvorlesung"! Ich hielt einen Vortrag in Lindau, in einem wunderschönen, altehrwürdigen Hotel auf einer Halbinsel im Bodensee. Ich war gebucht für den ersten Vortrag am zweiten Morgen einer Wochenendveranstaltung. Eigentlich sind das sehr gute Grundvoraussetzungen. Bei meiner späten Anreise am Vorabend begegneten mir viele Herrschaften in bester, ja geradezu ausgelassener Stimmung, die soeben von einem ausgiebigen Altstadtbesuch entweder ihre Hotelzimmer aufsuchten, oder sich zu einem letzten Drink an der Hotelbar versammelten. Schnell war mir klar, dass es sich hier um meine Sparringspartner von morgen handelte.

Am nächsten Morgen traf man sich dann in der erwarteten Katerstimmung, und wieder einmal war die Nacht für die meisten Teilnehmer viel zu kurz gewesen. Glasige, verschleierte Blicke, übernächtigte Gesichter,

Vermeintliches Desinteresse kann täuschen!

Augenringe und Tränensäcke wohin man schaute. Von diesem Verband lauter selbstständiger Unternehmern hätte ich eindeutig viel mehr positive Resonanz erwartet. Aber die blieb aus, mein Vortrag schien zu verpuffen, ohne jegliche Gefühlsregung zu erzeugen. Solche Vorträge verlässt man in der Regel mit einem Gefühl der unendlichen Leere. Um so erstaunter war ich, dass der gleiche Verband schon am nächsten Montag telefonisch ein Zweitagesseminar in meinem Büro buchte! Es schien also doch ein Funke übergesprungen zu sein, auch wenn es nach durchzechter Nacht nicht gezeigt wurde.

Fazit: Es muss nicht unbedingt an Ihnen liegen, wenn nur wenig Resonanz kommt. Ihr Vortrag kann also durchaus gut ankommen, auch wenn die Zuhörer nicht richtig mitgehen!

Wenn es aber entwürdigend wird, dann sollte man lieber gehen. In der Schweiz wurde ich von einem Softwarehersteller gebucht, um das alljährliche Jahresmeeting zu bereichern. Aber auch hier schien das Interesse an den ortsüblichen Spirituosen höher zu sein als an dem Wohl der Firma. Einige Vertreter der Firma lagen schon mit ein paar Promille im Bett. Nur wer noch einigermaßen aufrecht sitzen konnte, war zumindest physisch anwesend im Vortragssaal. Natürlich wünscht man sich da ein anderes Publikum. Richtig störend aber war ein leibhaftiges Schweinchen, das der Chef der Firma anlässlich seines Geburtstags als „Glücksschwein" von seinen Mitarbeitern geschenkt bekommen hatte. Anfangs war das Schwein zum Glück müde, nach einer

Weile aber wurde es wach und blinzelte angriffslustig mit seinen Äuglein aus dem improvisierten Holzstall heraus. Schwupps war es dann auch schon aus dem Gatter entfleucht und stolzierte zwischen den Reihen herum. Wenn es vorher nur schwierig war, das Interesse zu wecken, so galt nun die ungeteilte Aufmerksamkeit diesem Tier. Innerlich stellte ich mir die Frage: „Die Sau oder ich?" und beschloss ganz schnell, sie gewinnen zu lassen. Flugs war alles zusammengepackt und fröhlich winkend verließ ich den Ort des Geschehens. Solche Fälle sind Gott sei Dank mehr als selten.

Viel häufiger sind die guten, runden, „nüchternen" Veranstaltungen. Der Energieschub nach so einem gelungenen Auftritt hält noch stunden- ja manchmal sogar noch tagelang nach dem Vortrag an. Man fühlt sich wie euphorisiert und denkt mit einem guten Gefühl an die Veranstaltung zurück.
Doch Vorsicht: Nach dem Vortrag, im one-to-one-Gespräch, trägt diese Energie, die für den one-to-many-Vortrag enorm hilfreich war, viel zu dick auf. Sehr leicht wird man - so vollgepumpt mit Energie - schwer erträglich für seine Umwelt. Darum empfängt mich meine Umwelt, wenn ich vom Vortrag komme, regelmäßig mit weltlichen Aufgaben: Müll rausbringen, Windeln wechseln oder Rasen mähen sind die besten Maßnahmen, um dieses hohe Maß an Energie sinnvoll abzuleiten.

Aber zurück zum Lampenfieber: Bei zu starkem Lampenfieber durchatmen, und zwar langsam und tief bis in die Lungenbläschen. Ein Atemzyklus sollte hierbei mindestens 15 Sekunden dauern (wer schneller und länger tief durchatmet, der läuft Gefahr zu hyperventilieren. Das wäre das andere, seltenere Extrem der Atmung unter großer Anspannung.) Die typische Stressatmung ist meist flach und hechelnd, wobei die Luft nur in der Luftröhre hin und her transportiert wird. Die Luftröhre hat aber nur eine reine Transportfunktion, ein Atemgasaustausch findet hier nicht statt. Belastete Menschen atmen dann oft nur so viel, dass sie gerade nicht sterben.

Sprechen Sie laut, besonders bei Lampenfieber. Leise wird man unter Stress nämlich ohne es selbst zu merken. Wer leise spricht wirkt unsicher. Und in den letzten Reihen werden Sie nicht verstanden, und schon früh beginnt das Männleinlaufen, wird draußen eine Zigarette geraucht, und durch das Stuhlgeschiebe und Türenklappern werden Sie dann auch vorne schlecht verstanden.

Merke: Wenn mehr als ein Teilnehmer (der gerade wirklich mal zur Toilette muss) aufsteht und herausgeht, machen Sie etwas falsch! Dann müssen Sie lauter sprechen, mehr Empathie in die Stimme legen, den Augenkontakt verbessern, Gestik und Mimik verstärken.

Checkliste ☑

Die Vorbereitungen

Ist die Vorlaufzeit lange genug? ☐ ja ☐ nein
Informationen gesammelt ☐
Hintergründe erfragt ☐
Location getestet ☐
Hilfsmittel vorbereitet ☐

Die Stoffsammlung

1. Ideen und Stichpunkte sammeln u.a. in
    Lexika ☐
    Fachbücher ☐
    Internet ☐
2. Pro und Contra gesammelt? ☐ ja ☐ nein
    Argumente in Untergruppen gliedern ☐
    Kurze Sätze, keine Verschachtelungen ☐
    Lautes Vortragen üben ☐
3. Eine Nacht darüber schlafen, dann
    Gestik und Mimik einbauen ☐
    Evtl. mit Videokamera aufzeichnen ☐
    Vor Freunden oder Familie vortragen ☐
    Evtl. weitere Ideen einfügen ☐

Die Zielgruppe

Besteht meine Zielgruppe aus
    Laien ☐
    teilweise vorgebildeten Zuhörern ☐
    im Alter gemischten Publikum ☐
    Experten ☐
Kennen sich die Teilnehmer untereinander? ☐ ja ☐ nein
Vorbildung berücksichtigt? ☐ ja ☐ nein
    Fremdwörter spärlich einsetzen bzw. erklären ☐
Sprechen alle Teilnehmer die gleiche Sprache? ☐ ja ☐ nein
Wird simultan übersetzt? ☐ ja ☐ nein

Der Veranstaltungszeitpunkt

1. Wann treten Sie auf?
Nach dem Mittagessen:
    evtl. Dehnungsübungen durchführen ☐
2. Gibt es Vorredner?
    Bei schwachen Vorgängern:
    Nahtloser Übergang ☐
    Bei guten Vorrednern: Pause einlegen! ☐

Der Veranstaltungsort und die Tagungstechnik

Veranstaltungsort getestet?	☐ ja	☐ nein
- am Abend zuvor	☐	
- mind. 1 Stunde vor Auftritt	☐	
Funktioniert der Beamer/Overhead?	☐ ja	☐ nein
Stimmen die Anschluss-Stecker?	☐ ja	☐ nein
Richtiger Diaprojektor/richtiges Videosystem?	☐ ja	☐ nein
Stifte für Flipchart vorhanden?	☐ ja	☐ nein

Das Licht

Raum mit oder ohne Fenster?
    Wenn ohne Fenster:

Ist auch das Publikum beleuchtet?	☐ ja	☐ nein
Muss für Folien unbedingt verdunkelt werden?	☐ ja	☐ nein

Der Soundcheck

Wie viele Personen sind anwesend? _____
Besteht die Beschallung aus
    Krawattenmikro ☐
    Headset ☐
    Mikro am Rednerpult ☐
Beim Soundcheck:

Gibt es Rückkopplungen?	☐ ja	☐ nein
Bestehen Funklöcher?	☐ ja	☐ nein
Sind Höhen und Tiefen gut ausgesteuert?	☐ ja	☐ nein

Checkliste ☑

Die Sitzordnung

Kinobestuhlung	☐	
Parlamentarisch	☐	
Hufeisenform	☐	
Stuhlkreis	☐	
Sind die Stühle abgezählt?	☐ ja	☐ nein
Bei empathischen Vorträgen:		
keine Mitschreibmöglichkeit bieten	☐	
Bei Fachvorträgen:		
Ist für Tische gesorgt?	☐ ja	☐ nein
Für „künstliche Sitzplatzverknappung" gesorgt?	☐ ja	☐ nein

Die Hilfsmittel

Folien	☐	
Grafiken	☐	
Diagramme	☐	
Flipcharts	☐	
In der Menge angebracht?	☐ ja	☐ nein
Verständliche Grafiken gewählt?	☐ ja	☐ nein
Ist Zeit, auch die letzte Folie noch zu erklären?	☐ ja	☐ nein

Essen und Trinken vor und während des Vortrags

Nicht satt essen	☐	
Nur langkettige Kohlenhydrate zu sich nehmen	☐	
Kurz vor dem Vortrag:		
- evtl. Kaffee oder Espresso	☐	
- kein Alkohol	☐	
Während des Vortrages:		
- Wasser ohne Kohlensäure	☐	
Ist für Wasser während des Vortrags gesorgt?	☐ ja	☐ nein

Die Bekleidung

Generell: Dezentes Outfit ☐
Veranstaltungsort:
- Normale Temperaturen = Businessgarderobe ☐
- Südliche Gefilde = offenes Hemd erlaubt? ☐
Frauen: Nicht zu viel Haut zeigen ☐
Männer:
- Krawatte in der richtigen Länge ☐
- Krawatte nicht zu stark gemustert ☐
- Anzug oder Kombination ☐
- Socken dunkler als Anzug und Schuhe ☐
- Lugt das Bein beim Sitzen heraus? ☐
Unmittelbar vor dem Vortrag:
- Sitz der Krawatte prüfen ☐
- Frisur prüfen ☐
- Sitzt das Hemd/die Bluse? ☐
- Ist das Hosentürchen zu? ☐

Gegen das Lampenfieber

Minuten vor dem Vortrag:
- zurückziehen und konzentrieren ☐
- Atemübungen durchführen ☐
- o. g. Bekleidungs-Check durchführen ☐
Während des Vortrags:
- laut und deutlich sprechen ☐
- Augenkontakt halten ☐
- Funken durch Power überspringen lassen ☐
- nicht durch Mienen und Gestik der Zuhörer irritieren lassen ☐
Falls Konzentration bei den Zuhörern nachlässt:
- eigene Gestik und Mimik verstärken ☐
- Modulation verstärken ☐

Das Zweitwichtigste: der Start

Sie haben eigentlich schon begonnen, bevor Sie überhaupt den Mund aufgemacht haben. Alle Augenpaare sind von nun auf Sie gerichtet, und innerhalb von Zehntelsekunden werden Sie gemustert und taxiert vom Scheitel bis zur Sohle. Ihr einziger Trost: Die meisten Ihrer Zuhörer würden nun nicht mit Ihnen tauschen wollen. Eine Umfrage hat ergeben: Das unangenehmste, was sich viele Menschen vorstellen können, ist vor fremden Publikum eine Rede zu halten. Von daher haben Sie schon einmal einen ungeheuren Vorschuss an Sympathie. Jeder ist froh, dass *Sie* vorne stehen, man selbst aber genüsslich zuhören darf.

Der erste Eindruck entscheidet, der letzte Eindruck bleibt.

Mit festem Stand treten Sie vor das Publikum, die Beine knapp Schulterbreit auseinander, warten 2–3 Sekunden, in denen Sie angriffslustig aber freundlich lächelnd das Publikum fixieren. In dieser kurzen Zeit verstummen die Gespräche, alles schaut erwartungsvoll auf Sie. Und dann geht es los, und zwar am besten gleich *in medias res*, ohne schuldhaftes Zögern.

Bitte immer beachten: Ihr erster Satz ist der zweitwichtigste Satz des ganzen Vortrages. Darum sollten Sie die Einleitung gewissenhaft vorbereiten.
Es ist kaum zu glauben, wie oft gerade

Es gibt keine zweite Chance für einen ersten Eindruck.

> *„Das menschliche Gehirn ist eine großartige Sache. Es funktioniert vom Augenblick der Geburt bis zu dem Zeitpunkt, wo Du aufstehst, um eine Rede zu halten."*
> *(Mark Twain)*

am Anfang immer wieder die gleichen kapitalen Fehler gemacht werden. Darum gibt es leider sehr viel mehr schlechte Beispiele zur Abschreckung als konstruktive Vorschläge. Es lohnt sich immer, schon im Vorfeld intensiv über seine ersten Sätze nachzudenken und am besten auswendig zu lernen.

Die häufigste Einleitung einer Vorlesung an der Universität lautet übrigens: „Das erste Diapositiv bitte." Hier wird deutlich, dass Intelligenz nicht unbedingt rhetorischer Fähigkeiten bedingt. Wenn ich an meine Studienzeit zurückdenke, so gab es nur wenige charismatische Professoren, die ihre Studenten wirklich in ihren Bann zogen. Und zu diesen Vorlesungen musste man seinen Stuhl dann wirklich selbst mitbringen, so proppevoll waren die Hörsäle. Meist herrschte aber gähnende Leere, wenn irgendein Professor, Assistent oder sonstiger Taschenträger das Podium betrat.

Gute Redner packen den Zuhörer vom ersten Moment an. Das gelingt am besten, wenn man unerwartet anders anfängt. Das Motto: Angenehm anders als alle anderen.
In den ersten Satz gehört darum eine Kernbotschaft, keine Floskel!
Der Umsatz unserer Firma ist im letzten Quartal um 2 % gesunken. Woran liegt das? Nach genauem Studium der Zahlen halte ich folgende drei Ursachen dafür verantwortlich....

> **Beispiele für vertane Chancen, das Publikum vom ersten Satz an zu fesseln**
>
> *„Bevor ich mit meinem Vortrag beginne, möchte ich die Gelegenheit nutzen, um unsere Ehrengäste, den Bürgermeister, die Landrätin und den Präsidenten des Kaninchenzüchtervereins Wanne-Eickel-Nord herzlich zu begrüßen..."*
>
> Oder ebenso nervtötend:
> *„Zuvor eine Frage - können Sie mich auch hinten gut verstehen?"*
>
> Eine andere Einladung zum Mittagsschläfchen:
> *„Zu Beginn möchte ich Ihnen zunächst einen kurzen Abriss meines Vortrages geben..."*

Einer meiner guten Vorredner begann seine Rede wie folgt:
Kürzlich habe ich in einer Untersuchung zum Thema Zuhörerverhalten folgendes gelesen:
Bei Vorträgen, vor allem wenn sie in verdunkelten Räumen stattfinden, hören im Schnitt 15 % zu.
50 % dösen vor sich hin.
10 % schlafen und der Rest (also knapp 25 %) besonders die Männer, gibt sich sexuellen Fantasien hin.
Ich bedanke mich herzlich bei den 15 %, und dem Rest wünsche ich noch viele angenehme Vorträge.
(Andreas Hacker, Vice President Mc Donalds Europa anlässlich einer Siemens-Kundenveranstaltung)

Sie können sich vorstellen, dass das Auditorium im Saal

angenehm überrascht war und diese unerwartete Einleitung sogleich mit einem spontanen Applaus belohnte. Hier hört man gerne zu und wartet schon gespannt auf die nächsten Bonmots.

Ein weiterer Referent legte vor dem Vortrag auf jeden Platz einen roten Briefumschlag mit der Aufschrift: Bitte nicht öffnen! Nach einer kurzen Einleitung über den Sinn oder Unsinn von Intelligenztests bat er die Zuhörer die Umschläge zu öffnen. Alle holten ein Blatt mit Rechenaufgaben hervor und sollten die Aufgaben möglichst schnell lösen. Wer fertig war, sollte sich hinstellen. Was niemand wusste: Die eine Hälfte des Saales erhielt Rechenaufgaben aus dem kleinen Ein mal Eins, die anderen sollten die 7. Wurzel aus der Zahl 193 ziehen, oder 52 x 13 ausrechnen! Kein Wunder, dass schon bald die rechte Hälfte komplett stand, links rauchten immer noch die Köpfe. (Ich selbst saß auch links und kam mir sehr schnell ziemlich blöd vor. Denn die stehende Saalhälfte johlte und machte Witze über die sitzende Hälfte). Schließlich bereitete der Referent dem Trauerspiel ein Ende mit der Bemerkung: „Und wieder einmal ist bewiesen, dass sich die Intelligenz automatisch auf die rechte Seite setzt!"

Ein Deutscher, Franzose und ein Engländer sind zum Tode verurteilt und sollen erschossen werden. „Was ist Euer letzter Wusch?" Der Franzose: „Noch einmal schlemmen bei Bocuse". Der Deutsche: „Ich möchte noch einmal eine Rede halten". Der Engländer: „Erschießt mich, bevor der Deutsche seine Rede hält!"

Wie geht´s weiter?

Nach der gelungenen Einleitung, bei der das Publikum sofort gespürt hat, dass sich das weitere Zuhören lohnen wird, kommt nun Ihr eigentlicher Vortrag. Hierbei gilt: *Keep it short and simpel* - oder: Eine gute Rede ist die, an der man nichts mehr streichen kann. Wer begeistern möchte, der spricht natürlich frei. Eine Rede, die sich gut liest, ist eine schlechte Rede. Eine Rede die sich gut anhört, liest sich schlecht: Denn sie besteht aus Hauptsätzen, Hauptsätzen, Hauptsätzen!

Gegen sichtbare und unsichtbare Spickzettel ist nichts einzuwenden. Die Struktur des Vortrages sollten Sie immer vorher festlegen, damit Sie nicht plötzlich etwas ganz anderes erzählen, als Sie eigentlich wollten.

Freie Rede oder Manuskript?

Anfangs können Sie sich die wichtigsten Stichpunkte, den roten Faden, auf eine Karteikarte schreiben und hin und wieder einen Blick darauf werfen. Das gibt Sicherheit. Der Vorteil: Sie haben etwas in der Hand, an dem Sie sich für andere unbemerkt festhalten können. Schreiben Sie nur die Kernbotschaften chronologisch auf, die Worte kommen dann von allein!

Wer routinierter ist, der „hängt" seine Stichpunkte gedanklich im Vortragsraum an irgendwelche Gegenstände, am besten im Uhrzeigersinn, auf. Der Lampenschirm, die Gardinenstange, die Deckenleuchte - jeder Gegenstand dient als Gedankenstütze, die nun chronologisch abgetastet werden. Wer diese Fähigkeit vertiefen möchte, dem sei ein Seminar bei dem „Mega-Memory" Trainer Gregor Staub wärmstens empfohlen. Denn ohne ein System kann man sich höchstens 7 Stichpunkte merken. Mit System beliebig viele.

Gestik und Mimik

Ihr Vortrag lebt von der Gestik und Mimik, und hier darf man ruhig viel dicker auftragen, als man zunächst glaubt. Wenn Sie sich in einem Rhetorikseminar nach einem Übungsvortrag auf Video anschauen können, so wird das sehr schnell deutlich. Man selbst glaubt bereits mit Händen und Füßen geredet zu haben, und auf

Ein Lachen wirkt nur echt, wenn Sie auch mit den Augen lachen.

dem Video sieht man dann einen Scharping unter Valiumeinfluss.

Offene Handflächen erwecken Vertrauen, denn sie zeigen, dass Sie nichts zu verbergen haben.

Lächeln Sie, nicht nur mit dem Mund, sondern auch mit den Augen. Wer nur mit dem Mund lächelt, wirkt unehrlich. Verstecken Sie Ihre Hände in Ihrer anfänglichen Nervosität nicht hinter dem Rücken, wenn Sie nichts zu verbergen haben. Stemmen Sie die Hände nie in die Hüften! Dieses Zeichen der Unsicherheit wird von den Zuschauern als Arroganz interpretiert. Das gleiche gilt für die Hände in den Hosentaschen. Wenn der Funke aber erst einmal übergesprungen, die Sympathie also auf Ihrer Seite ist - und Sie zu Ihrer natürlichen Gestik gefunden haben - wird Ihnen auch eine Hand in der Hüfte oder Hosentasche nicht übel genommen.

Große, ausladende Gesten schaffen Vertrauen und zeugen von Ihrer Souveränität. Also trauen Sie sich!

Zeigen Sie nie mit nackten Fingern auf angezogene Leute! Schauen Sie nicht aus dem Fenster oder an die Decke, das wirkt arrogant. Sehen Sie nicht auf den Boden oder am Publikum vorbei, das wirkt unsicher!

Die Hände sollten entweder locker herunterhängen oder leicht angewinkelt sein. Die Gestik darf niemals unter der Gürtellinie stattfinden! Wenn man erst richtig im Redefluss ist, kommt die Gestik ganz von allein. Ihre natürliche Gestik ist in jedem Fall perfekt und authentisch. Jede vor dem Spiegel eingeübte oder nachgeahmte Gestik wirkt gekünstelt und unnatürlich. Das merken die Zuschauer. Die perfekte Gestik kommt von Innen. Lassen Sie ihr freien Lauf!

> *„Natürlich zu sein, ist die schwierigste Pose, die man einnehmen kann."*
> *(Oscar Wilde)*

Bei kämpferischen Worten „Wir wollen unseren Umsatz verdoppeln und wir werden unseren Umsatz verdoppeln!" dürfen Sie auch ruhig einmal eine geballte Faust nach oben strecken.

Hauen Sie auch einmal feste auf den Tisch, um einer Aussage Nachdruck zu verleihen. Effektiv und unterstreichend ist immer ein Schlag mit der flachen Hand auf die Flipchart, auf der Sie gerade etwas aufgemalt haben. Das macht Krach, weckt die Schläfer auf und betont Ihre Forderung.

Oder erinnern Sie sich an Chruschtschow, der 1960 mitten mit kalten Krieg vor der UNO in New York wutschnaubend mit seinem Schuh in der Hand auf das Rednerpult eindrosch, um seine Zuhörer wachzurütteln. Mittlerweile ist bekannt, dass er den Schuh schon vorher unter dem Rednerpult deponiert hatte und man spricht von Chruschtschows drittem Schuh.

Insgesamt war es ein genialer Schachzug. Das Bild vom entfesselten, unbeherrschten Chruschtschow ging um die ganze Welt. Für Zeitungen und Fernsehberichte waren Bilder eines Politikers, der derart die Selbstbeherrschung verliert, ein gefundenes Fressen.

Doch in Wahrheit war alles kalkuliert! Chruschtschow schauspielerte sehr gekonnt und suggerierte der westlichen Welt, er sei ein unberechenbarer, grober, ungehobelter Politiker, der in seiner Unbeherrschtheit auch vor einem Atomkrieg nicht zurückschreckt. Also taten die Amerikaner ihr Möglichstes, um durch Verhandlungen den kalten Krieg etwas zu enteisen.

Der Stand

Jeder Rhetoriktrainer verlangt einen festen Stand vor dem Publikum. Das unterstreiche ich auch - zumindest während der ersten wichtigen Sätze. Danach dürfen und sollen Sie sich bewegen, tigern Sie auch mal vor den ersten Tisch- oder Stuhlreihen hin und her. Gehen Sie auch einmal hinein ins Publikum, wenn es die Sitzordnung erlaubt. Dabei sollten Sie Ihre Zuhörer aber immer fest im Blick haben. Niemals dem Zuhörern den Rücken zuwenden!
Anfänger oder sehr nervöse Redner bewegen sich oft unbewusst in kleinen Kreisen oder Achterlinien vor ihrem Publikum hin und her. Von vorne nach hinten, von

rechts nach links. Das suggeriert Unsicherheit. Unbewusst vergleichen sie sich wohl mit einem Dudelsackpfeifer und hoffen: Bewegliche Ziele sind schwerer zu treffen! Wenn Sie irgendwohin gehen wollen, so gehen Sie forsch und mit festem Schritt. Hin zur Flipchart - dort ist dann wieder sicherer Stand angesagt. Zurück vors Auditorium - und wieder fix stehen. Bei einer positiven Botschaft bewegen Sie sich auf das Publikum zu, bei einer negativen treten Sie drei Schritte zurück. Dadurch können Sie Ihre Aussage sogar noch unterstreichen! Wenn Sie die gleichen Bewegungen aber ständig unkontrolliert und mit langsamen kleinen Schritten machen, wird es ihrem Publikum schwindelig!

Lassen Sie Ihren Blick über das gesamte Auditorium schweifen. Oft werden die Menschen, die rechts und links am äußersten Rand sitzen, sträflich vernachlässigt. Auch sie haben das

Fixieren Sie nicht nur die Zuhörer in den vorderen Reihen!

Recht, direkt von Ihnen angesprochen und angeschaut zu werden. Auch die Augenpaare in den hinteren Reihen sollten immer wieder fixiert werden. Achtung: Nie länger als 2 Sekunden einen Teilnehmer anschauen. Sonst wird Anschauen zum Anstarren!

Was tun bei Störungen?

Es ist wie verhext: Schon die kleinste Störung lenkt das Publikum von einem noch so guten Vortrag ab! Allein wenn ein Mitarbeiter des Tagungshotels ein frisches Glas Wasser bringt (das ist bei nahtlosem Rednerwechsel häufig der Fall), wandern alle Augenpaare von Ihnen weg, als ob es nichts Interessanteres gäbe als ein Glas Wasser. Wenn dem schon so ist, dann nutzen Sie die Gelegenheit und integrieren Sie diese „Zeremonie" in Ihren Vortrag: „Das finde ich aber nett, dass Sie Mitleid mit einem armen ausgetrockneten Referenten haben. Herzlichen Dank!" Damit lenken Sie die Aufmerksamkeit direkt auf den Störvorgang, behalten aber die Kontrolle über das Publikum. Außerdem ist es ein Zeichen von Souveränität, flexibel auf die äußeren Rahmenbedingungen eingehen zu können.

Manchmal gibt es Störungen, die schon schwerer zu bewältigen sind. Hier hilft am besten Schlagfertigkeit. So wurde Hans-Dietrich Genscher während eines Vortrages von einem Zuhörer mit dem Zwischenruf „Arschloch" konfrontiert. Genscher - ganz der erfahrene Staatsmann - konterte: „Das ist aber nett, dass Sie sich uns vorgestellt haben."

Schlagfertigkeit ist Übungssache. Wichtig dabei: Die Antwort, Ihre erste Assoziation muss wie aus der Pistole geschossen kommen. Dann darf Ihre Retourkutsche sogar etwas frech sein, und es wird Ihnen niemand übel nehmen. Wenn Sie aber nur eine Zehntelsekunde zu lange warten und erst reflektieren, wird man Ihnen eine freche Antwort übel nehmen. Eine schnelle, schlagfertige Antwort ist Ihnen halt so „herausgerutscht" und wird verziehen. Der gleiche Satz gilt schon eine Sekunde später als überlegt und wird als Bosheit ausgelegt, denn auf der Bühne werden Sie mit anderem Maß gemessen. Manchmal ist es schon zu viel, einfach nur das auszusprechen, was die Zuhörer gerade denken.

Ein Beispiel: Während eines Vortrages in München meldete sich nach einiger Zeit eine Zuhörerin recht rigoros zu Wort und stellte alles zuvor Gesagte in Frage. Zunächst ging ein Raunen durch den mit sicherlich 500 Menschen besetzten Raum. Um die Kontrolle zu behalten, ließ ich die Dame durch konkretes Nachfragen ihre Kritik formulieren. Schon schnell stellte sich heraus, dass es sich um eine etwas überdrehte Dame handelte (hätte natürlich auch ein Herr sein können), der man eigentlich nichts recht machen konnte.

Getreu dem Motto: „Man kann seinen Gegner auch durch Umarmung handlungsunfähig machen" lobte ich ihre Kritikpunkte, ihre rasche Auffassungsgabe und Scharfsinn und versprach, über ihre Einwände nachzudenken. Damit hätte sie es jetzt eigentlich bewenden lassen können, sie hieb aber mit der Mentalität eines Wadlbeißers immer wieder in die gleiche Kerbe um dann erneut von mir Recht zu bekommen. Das Spiel mit dem Namen „Sie haben ja völlig Recht" hätte nun stundenlang weitergehen können. Aber das Publikum reagierte und aus mehreren Kehlen wurde der Dame dringend geraten, ab sofort den Mund zu halten oder lieber nach Hause zu gehen.

Hätte ich genau das formuliert, was das Publikum denkt, wäre die Stimmung sicherlich zu meinen Ungunsten umgekippt. Das Publikum soldarisiert sich automatisch mit dem Schwächeren, und als Redner vorne haben Sie die stärkere Position. Darum werden Ihre Worte wirklich auf die Goldwaage gelegt und in dieser Situation ganz anders bemessen.

Niemals darf man als Vortragender negativ über Dritte sprechen, die sich nicht wehren können. Manche Menschen versuchen andere zu erniedrigen, um sich selbst zu erhöhen. Das funktioniert nicht! Das erzeugt Antipathie und das Publikum wird sich sofort gegen Sie wenden. Negative Beispiele dürfen Sie allenfalls anhand Ihrer eigenen Person erläutern.

Darum hüten Sie sich auch vor Zoten, Anzüglichkeiten und zweideutigen Witzen, die in kleiner Runde nicht so unangenehm auffallen würden. Vorne stehend wird die unangenehme Wirkung potenziert.

In einem anderen Vortrag vor Rotariern wurde ich schon im ersten Satz von einem Professor aus Erlangen unterbrochen mit dem Zwischenruf: „Stimmt nicht!". Es gibt wohl nichts unhöflicheres als einen Vortrag schon im ersten Satz zu unterbrechen. Und hätte der Zwischenrufer die zweite Hälfte des ersten Satzes nur zu Ende angehört, so hätte sich alles aufgeklärt. Mit freundlichem Lächeln habe ich ihm - ohne zu diskutieren - zu seiner raschen und brillanten Auffassungsgabe gratuliert, und meinen Satz zu Ende gebracht. Sogleich bemerkten alle Zuhörer, dass der Einwand nicht nur unhöflich, sondern auch unnötig war. Und da die Rache des Referenten süß ist, revanchierte ich mich zu einem späteren Zeitpunkt auf meine Weise:

Eine sonst nur rhetorisch gestellte Frage richtete ich nun speziell an meinen Freund, den Professor mit den Worten: „Sie haben schon zu Beginn des Vortrages so viel Intellekt und Sachverstand bewiesen, vielleicht können Sie uns auch bei dieser Frage weiterhelfen." - Sie können sich gar nicht vorstellen, wie angstvoll und gehetzt es in seinen Augen blitzte, denn vor seinen Freunden wollte er sich nun wirklich nicht blamieren. Da ihm aber keine Antwort einfiel, presste er nur durch dünne Lippen, ich solle gefälligst nicht fragen; wenn er etwas sagen möchte, dann würde er das ganz von alleine tun. Innerlich verbuchte ich diese Antwort unter: zwei zu null für mich.

Gegen Angriffe kann ich mich verteidigen, gegen Lob bin ich machtlos!
(Sigmund Freud)

Ein Tipp am Rande: Viele Organisationen bemühen sich um Redner für ihre Veranstaltungen - und am liebsten zum Nulltarif. Vollmundig wird geworben, welche tollen Multiplikatoren im Publikum sitzen. Lassen Sie sich nichts vormachen: Hier werden die besten Redner verschlissen! Zum Mittagessen oder zu einer Abendveranstaltung wird ein kostenloser Pausenclown gesucht. Viele enthusiastischen Referenten, wie auch ich in meinen Anfangsjahren, gehen kostenlos dort hin. - Was nichts kostet ist nichts wert! Wenn Sie

Wie geht's weiter? 57

nicht gerade zur Übung ein Podium suchen, verlangen Sie unbedingt ein Honorar, um mit dem gebührenden Respekt behandelt zu werden. Wenn Sie für einen gemeinnützigen Verein sprechen, können Sie Ihr Honorar ja gleich wieder für einen guten Zweck - z. B. Ärzte ohne Grenzen - spenden.

Die peinlichste Situation für einen Referenten erlebte ich - Gott sei Dank nicht am eigenen Leibe - während eines Vortrages in Nürnberg. Nach der Mittagspause stand ein Beitrag über Kommunikation auf dem Programm. Wie wir wissen, ist das eine schwierige Zeit, in der man sich besonders anstrengen muss. Schon vorher habe ich mit Erstaunen bemerkt, dass sich Publikum und Referent gleichermaßen am fränkischen Büfett labten. Und schon nach den ersten Sätzen wurde klar, dass die postprandiale (Verdauungs-)Müdigkeit nicht

nur die Zuhörer erfasst hatte. Mit einem Wort: Der Vortrag war pures Valium. So hätte das Publikum die nächsten 60 Minuten leise vor sich hin dösen und verdauen können, hätte nicht eine Dame den Finger gestreckt und den Referenten höflich unterbrochen: „Unter Kommunikation stelle ich mir aber eigentlich etwas anderes als so einen Monolog vor!" Sofort war das Publikum hellwach und der Referent sichtlich geschockt. Er erwiderte: „Sie haben natürlich Ihr gutes Recht auf Ihre eigene Meinung. Aber lassen Sie uns doch einmal hören, was die anderen Teilnehmer darüber denken". Sprach´s und hielt sein Mikrofon einem anderen Zuhörer hin mit der Bitte um seine Meinung. Und auch dieser Herr gab höflich aber bestimmt zu Protokoll, dass Titel, Inhalt sowie Art und Weise des Vortrages nicht so recht zusammenpassen.

In dieser Situation wünscht man sich als Vortragender nur noch ein großes tiefes Loch, in dem man möglichst schnell verschwindet ohne viel Schmutz zu hinterlassen! Ich konnte nur noch bewundern, wie der Redner aus dem Stehgreif seinen Vortrag änderte, komplizierte Charts wegließ und noch einigermaßen die Kurve kriegte.

Kürzlich wurde ich gebucht für eine Veranstaltung, zu der ein sehr heterogenes Publikum geladen war. Zwei Veranstalter hatten eine gemeinsame Veranstaltung organisiert, und die Intelligenzquotienten der beiden unterschiedlichen Zuhörergruppen waren nur sehr ungerecht verteilt. Auf der linken Seite der Stadthalle befanden sich Zuhörer, die aus ureigenem Interesse zu dieser Tagesveranstaltung kamen. Auf der rechten Seite saßen Mitarbeiter einer Firma, die vom Chef zur Anwesenheit „verdonnert" wurden. Schon schnell kristallisierte sich heraus, das die Herausforderung an den Referenten in der rechten Saalhälfte zu suchen war. Durch unverblümte Unterhaltungen wurden die Ereignisse des vergangenen Wochenendes durchgesprochen und Seminarinhalte durch den Kakao gezogen. Schnell war ein Lärmpegel erreicht, der nicht nur mich als Referenten, sondern auch die interessierten Zuhörer störte.

Eine Gruppe verhielt sich besonders laut. Darum ging ich während des Vortrages genau auf diese Gruppe zu. Immer wenn ich unmittelbar vor dem lautesten „Co-Referenten" stand und ihn mit den Augen fixierte, verstummten seine Kommentare. Kaum drehte ich ihm den Rücken zu, gingen die Gespräche ungeniert weiter. Nach dem dritten vergeblichen Versuch, ihn durch Blicke und indirekte Ansprache ruhig zu stellen, bewegte ich mich zunächst scheinbar weg von ihm. Im gleichen Augenblick, als er wieder zu reden begann, drehte ich mich blitzschnell um setzte ihm meinen Headset auf den Kopf. Bis er begriff was geschah, waren seine ersten Worte schon „auf Sendung" im Saal. Dann erklärte ich ihm, dass seine Ausführungen doch sicherlich für alle interessant wären, und bat ihn, nun für alle deutlich hörbar weiterzusprechen. Natürlich folgte nur ein verlegenes Drucksen: „Eigentlich habe ich gar nichts zu sagen." - Ich erwiderte: „Dann hoffe ich auch, dass das so bleibt" und der tosende Publikumsapplaus der gegenüberliegenden Saalhälfte bekräftigte eindrucksvoll diese Forderung.

Fazit: Vor Störungen ist man nie ganz sicher. Nerven behalten und ganz wichtig - immer freundlich bleiben. Externe Störquellen sollten Sie in den Vortrag einbeziehen, anstatt sinnlos dagegen anzukämpfen. Mit Schlagfertigkeit und Mutterwitz erobern Sie die Herzen des Publikums.

Schlagfertigkeit kommt dann, wenn man gar nicht überlegt, sondern seinen ersten Gedanken sofort ausspricht. Mein Sohn Lukas, der mit sieben Jahren bei einer unseren privaten Einladungen kellnerte, wurde von einer Dame gefragt: „Na, hast Du schon viel Trinkgeld bekommen?" - „Ja, aber von Dir noch nicht!"

Jede Diskussion belebt den Vortrag und verwandelt den Monolog zu einem Dialog. Darum heiße ich persönlich jede Zwischenfrage willkommen. Oft fragen die Zuhörer etwas, was Sie in den nächsten 2 Minuten sowieso angesprochen hätten. Dann können Sie diesen Baustein geschickt vorziehen und auf die Frage eingehen. Wenn Ihr Vortrag aber zur Frage und Antwort Stunde wird, sollten die Fragen hinten angestellt werden.

Die meisten Zwischenfragen sind freundlicher und interessierter Natur. Ab und zu gibt es aber Zeitgenossen, die es nicht nur gut mit dem Referenten meinen. Manche wollen sich selbst profilieren, haben Stress zu Hause oder schlecht geschlafen. Gerade wenn man selbst nichts böses denkt, fühlt man sich von diesen Zeitgenossen oft überfahren.

Darum gehen Sie, wenn Sie sich auf der Bühne multiplizieren, niemals auf ungerechtfertigte Vorwürfe ein. Denn dann reagieren Sie emotional und haben sich nicht unter Kontrolle! Hier ist Angriff oft die beste Verteidigung. Wenn man den Spieß umdreht, nimmt man Ihrem verdutzten Kontrahenten den Wind aus den Segeln.

Beispiele für gelungene Retourkutschen:
Vor Öffnung des eisernen Vorhanges sagt der Amerikaner zu einem Russen in der Moskauer U-Bahn: „Bei uns fahren die Züge aber viel öfter!" Die prompte Retourkutsche, die gar nicht auf den Vorwurf einging: „Und was macht Ihr mit den Schwarzen in den Südstaaten?"

Ein Tourist möchte die sprichwörtliche Schlagfertigkeit der Berliner testen und fragt einen Buben: „Ist hier gerade ein LKW mit lauter blauen Affen vorbeigefahren?" Retourkutsche: „Nee, biste runtergefallen?"

Schlagfertig war auch Harald Schmidts Kommentar anlässlich der ersten Berlinreise von Lothar Matthäus: „Klappe ohne Hirn trifft auf Schnauze mit Herz."

Eine mittlerweile legendär gewordene, folgenreiche Retourkutsche kennen wir von Wernher von Braun: Monate lang gab es ein zähes Tauziehen um die Bewilligung seines milliardenschweren Mondfahrtprogramms. Die Kongressabgeordneten waren für keine Argumente empfänglich und die ganze Mission drohte aus Kostengründen zu kippen, bevor sie überhaupt begonnen hatte. Schließlich fragte ein Abgeordneter

Wernher von Braun: „Sagen Sie mal, was suchen Sie denn eigentlich dort oben auf dem Mond?" - Von Braun antwortete: „Die Russen!" Am nächsten Tag war seine Mission bewilligt. Zu tief saß die Enttäuschung darüber, dass die Russen mit ihrer Sputnik schon einmal die Ersten waren.

Wenn Ihnen die Schlagfertigkeit anfangs noch Probleme bereitet, so sollten Sie den Mut nicht sinken lassen. Rhetorik ist ein angelerntes Verhalten, das sich mit jeder Übung verbessert. Kein Kind wird rhetorisch versiert geboren. Und gerade Spontaneität und Schlagfertigkeit kann man üben. Wichtig ist dabei, zwischen der Sach- und der Beziehungsebene zu unterscheiden. Wer sachlich gefragt wird, und auf der Beziehungsebene antwortet, muss zwar kurz nachdenken, aber die Antwort erscheint trotzdem schlagfertig.

Beispiel: In der heißen Wahlkampfphase 2002 wurde Herr Stoiber von einem Journalisten gefragt, ob er sich auf die Sonnenbank legt. Der Mediengewiefte Schröder wäre sicherlich so schlagfertig gewesen zu sagen: „Aber sicher, schließlich möchte ich gut aussehen für Sie!". Damit ist sofort die Beziehung zum Interviewer hergestellt. Stoiber aber lamentierte lange herum, immer auf der Sachebene. Schließlich kam er zu der Überlegung, dass es vielleicht gar nicht schlecht wäre, sich als Sonnenbänkler zu outen, der nicht immer nur arbeitet. Stoiber blieb also auf der Sachebene, und versuchte hier eine Antwort zu finden. Das ist nicht spontan.

Mit etwas Übung lernt man, die Sach- von der Beziehungsebene zu trennen, und auf eine Sachfrage anders als erwartet zu antworten. Frauen übrigens beschränken sich nur selten auf die Sachebene. Hier wird auch schnell einmal von der Sachebene auf die emotionale Beziehungsebene gewechselt.

Der Schluss

Ebenso wichtig wie eine gelungene Einleitung ist der Schluss! Hier müssen Sie auf den Punkt kommen, und Ihren Vortrag nicht einfach auslaufen lassen. Hier werden häufig Fehler gemacht. Der Referent merkt, die Zeit läuft ihm davon und unerbittlich wird eine Folie nach der anderen aufgelegt und durchgehechelt. Im Zweifelsfalle immer weglassen, weniger ist mehr!

Wenn Sie für den Vortrag nur Stichpunkte benutzt haben, sollten der Anfang und der Schluss trotzdem ausgearbeitet und einstudiert werden. Dramaturgisch ist das Ende - der Höhepunkt. Ich haben mir angewöhnt, jede Kernbotschaft noch einmal als Imperativ in einem Satz zusammen zu fassen. Das gilt übrigens für Ihren ganzen Vortrag! Vermeiden Sie den Konjunktiv. Selbstverständlich ist nicht alles weiß oder schwarz. Aber wenn Sie sich selbst immer relativieren, können Sie gleich den Mund halten. Also kein „eventuell, vielleicht, möglicherweise, hätte, könnte" benutzen. Natürlich ließe sich über den einen oder anderen Punkt diskutieren, und im Einzelgespräch würden Sie sofort Zugeständnisse machen. Aus pädagogischen Gründen sind diese leichten Überspitzungen aber erlaubt und didaktisch notwendig.

Der letzte Satz schließlich ist zu wichtig, um einfach nur „Vielen Dank für Ihre Aufmerksamkeit" zu lauten. Damit deklassieren Sie selbst Ihren Vortrag! Was es so schlimm für die Zuhörer, dass Sie sich dafür bedanken müssen, dass man trotz Ihrer langatmigen Ausführungen den Anstand besaß, doch noch bis zum bitteren Ende zu bleiben?

Der letzte Satz ist ein Appell!

Ändern Sie Ihr Leben - und zwar jetzt! Auf geht´s.

Wir werden unseren Umsatz verdoppeln! Und wenn alle in die Hände spucken, schaffen wir das in nur sechs Monaten! Packen wir´s an!

Wenn unser Mitbewerber das kann, dann schaffen wir das schon lange. Worauf warten wir noch!

☑ *Checkliste*

Der Start
Fester Stand, Beine knapp schulterbreit auseinander! ☐
2–3 Sekunden "künstlerische Pause" ☐
Ist der erste Satz gut formuliert (Kernbotschaft!)? ☐

Der Vortrag
Die erste Entscheidung:
Freie Rede oder Manuskript? ☐
Etwaiger Spickzettel knapp formuliert? ☐

Gestik und Mimik:
Lächeln, aber auch mit den Augen! ☐
Hände nicht verstecken ☐
Hände nicht in die Hüfte stemmen und
anfangs nicht in die Hosentasche stecken ☐
Nicht mit dem Finger auf Zuhörer zeigen ☐
Blickkontakt halten ☐
"Große" Gesten einfließen lassen ☐

Der Stand:
Nach den ersten Sätzen: bewegen ☐
Zuhörern nicht den Rücken zuwenden ☐
Keine Kreise und Achterlinien laufen ☐
Auch die Zuhörer am Saalrand "besuchen" ☐

Bei Störungen:
Den Störenden in den Vortrag einbinden ☐
Schlagfertige Antworten geben ☐
Nerven behalten und freundlich bleiben ☐

Der Schluss
Auf den Punkt kommen, nicht einfach aufhören ☐
Kernbotschaft nochmals zusammen fassen ☐
Den letzten Satz als Apell formulieren! ☐

Reden, die begeistern

In Wahrheit wollen Sie aber gar keinen Vortrag halten - Sie wollen bewegen. Sie wollen Gefühle hervorrufen, Emotionen wecken, Menschen in ihrem Innersten berühren. Nur so können Sie das Verhalten und das Denken nachhaltig beeinflussen. Nur so wird man sich noch lange an Ihren Vortrag erinnern. Das ist aber nicht einfach und geht über die blanke Rhetorik hinaus.

Einfach nur Information vermitteln, das ist zu wenig. Da könnte man ja auch ein Buch lesen. Ihre Botschaft muss „unter die Haut" gehen.

Wie wenig durch reine Faktenübermittlung in der Erinnerung hängen bleibt, haben Kommunikationswissenschaftler längst untersucht. Schon fünf Minuten nach der Tagesschau ist nämlich 95 % der Information schon wieder verpufft. Mit anderen Worten: Schon 20 Minuten nach acht wissen Sie praktisch nichts mehr von dem, was Sie soeben gesehen haben. Aktiv können die meisten Menschen jedenfalls nur noch 5 % der Information reproduzieren, wenn sie unerwartet um eine Inhaltsangabe des Gesehenen gebeten werden. Darum muss Ihr Vortrag besser sein als die Tagesschau.

Hier können wir viel lernen von der Werbeindustrie, wo beste Psychologen sich bemühen, die Werbebotschaften direkt ins Unterbewusstsein zu schleusen. Die Werbeunterbrechung im Privatfernsehen kommt immer genau dann, wenn der Film am spannendsten ist.

Denn nun ist Ihre rechte Gehirnhälfte dominant. Die rechte Gehirnhälfte ist zuständig für Gefühl, Emotionen, kreatives Denken, Neues schaffen. Das linke Gehirn steht für ZDF: Zahlen, Daten, Fakten. Mathematische Aufgaben lösen, Steuererklärung ausfüllen, Zeitung lesen. Bei Erwachsenen ist meist die linke Gehirnhälfte dominant. Ideal wäre ein Gleichklang von rechter und linker Gehirnhälfte. Aber je verschulter wir sind, desto mächtiger wird das linke Gehirn. Kinder bis zum 12. Lebensjahr sind rechtsdominat. Danach wird in der Schule immer mehr der Schwerpunkt auf Fakten gelegt, das Musische dagegen reduziert. Spätestens mit 16 Jahren haben sich dann die meisten Schüler herabbegeben auf das Niveau Ihrer Lehrer und Eltern. Nur Künstler, kreative Köpfe und Querdenker bewahren sich auch später noch ein dominantes rechtes Gehirn.

Diese psychologischen Erkenntnisse nutzt die Werbung. Wenn sich z. B. durch romantische Filmszenen das rechte Gehirn geöffnet hat, wird die Werbebotschaft - vorbei am Bewusstsein - direkt ins Unterbewusstsein geschleust. Im Idealfall schlägt die Werbebotschaft also zu, bevor der Intellekt wieder erwacht. Darum ist der erste Werbespot in der Werbeunterbrechung der teuerste.

„Pack den Tiger in den Tank" - eine geniale Werbung, die schon seit 4 Jahrzehnten ihren Zweck erfüllt. Mit Ratio und Verstand hat das nichts zu tun. Ein Tiger im Tank, wie kommt denn der da hinein? Die Botschaft ist vielmehr das Bild! Das Bild des Tigers, das Bild der immensen, majestätischen Kraft wird - unter Umgehung sämtlicher Vernunft - direkt ins Unterbewusstsein geschmuggelt.

Eine weitere, äußerst perfide und mittlerweile Gottlob verbotene Form der Werbung, war folgende: Während des Films gab es Cuts von nur Zehntelsekunden, in denen eine Werbebotschaft als Bild eingeschnitten wurde. Das linke Gehirn hat das gar nicht registriert. Das rechte Gehirn aber empfing die Bilder! Und später vor dem Einkaufsregal wurde überproportional häufig das eingeblendete Produkt gekauft.

Von diesen Tricks können wir lernen. Niemals darf Ihre Kernaussage allein durch blanke Worte transportiert werden. Sie müssen mit Worten Bilder malen! Ihre Botschaften in Bilder übersetzen, die sich dann jeder selbst in seinen eigenen Farben ausmalt. Ihre Worte werden

in jedem Zuhörer zum ureigenen Bild. Genau wie bei unserer Großmutter, die uns Märchen erzählte. Das Märchen ist erst einmal für alle das gleiche. Durch die eigenen inneren Bilder aber erhält das gleiche Märchen in der Fantasie eines jeden Menschen eine andere individuelle Färbung. Darum ist man auch so oft enttäuscht, wenn man nach der Buchlektüre die entsprechende Verfilmung sieht. Die eigenen Bilder sind immer besser als eine noch so schöne Inszenierung.

Ihre Worte regen also das rechte Gehirn an. Dadurch malen die Zuhörer ihre eigenen inneren Bilder. Nichts ist stärker im Menschen als die Sehnsucht nach Gefühl und Geborgenheit, der Unbefangenheit der Kindheit, den Geschichten der Mutter oder Großmutter, kurz: dem Leben im Hier und Jetzt. Darum wird Ihre Einla-

dung zur Gedankenreise immer auf einen mehr als fruchtbaren Boden fallen.

Immer wieder wundere ich mich, wenn ich abends einen Vortrag z. B. in einer Stadthalle halte, und nach Vorbereitung der Technik stehe ich draußen und sehe 800 oder 1000 Menschen von allen Himmelsrichtungen auf das Gebäude zuströmen. Und das in unserem multimedialen, reizüberfluteten Zeitalter. Ich denke mir immer: Im Fernsehen läuft doch bestimmt etwas besseres. Ein Spielfilm, ein Fußballspiel, ein Krimi. Und dabei ist das Fernsehen ist doch noch perfekter als die Wirklichkeit! Bei der Nachvertonung von Filmen beispielsweise wird mit Geräuschen nur so gezaubert. Auf bis zu 20 verschieden Tonspuren werden unterschiedlichste Geräusche untergelegt. Wenn wir ein einzelnes Pferd über eine Wiese galoppieren sehen, so gibt es dazu zunächst einmal eine Tonspur allein für „Atmosphäre". Dieses Geräusch hören wir gar nicht bewusst. Dann folgt unterschwellige Musik, Vogelgezwitscher und die donnernden Hufe des Pferdes stammen in Wahrheit nicht von einem, sondern von vielen Pferden, die dem Bild untergelegt werden. Und das alles in Dolby-Surround mit Bassverstärker ausgestrahlt. Und dagegen soll man nun ankommen!

Aber anscheinend gibt es wirklich eine Sehnsucht „back to nature". Weg von der Reizüberflutung, weg von der allabendlichen Flimmerkiste, weg von zweitklassigen Dialogen in drittklassigen Wiederholungen. Erst wenn man den „Grundig-Altar" mal einige Wochen auslässt, merkt man wie unnatürlich Dialoge, Geräusche und Szenen oft sind. Jedenfalls scheint ein Vortragsabend mit „Infotainment", einer Mischung von Information mit Unterhaltung, für viele Menschen eine lohnende Alternative zu sein.

So ist es selbstverständlich, dass Sie Ihren Vortrag lebendig werden lassen müssen in der Fantasie der Zuhörer. Dass jede Anekdote, jede Geschichte, jedes Bild Ihren Vortrag spannender macht. Lockern Sie das Publikum zunächst auf durch lustige Begebenheiten, einen Witz (über den alle lachen können) oder ziehen Sie sich selbst durch den Kakao. Oft muss man sich etwas einfallen lassen, denn es ist gar nicht so leicht, eingefleischte Skeptiker zum Lachen zu bringen. Manchen Leuten sieht man richtig an, was sie - mit verschränkten Armen da sitzend - denken: „Von Ihnen lasse ich mir meine schlechte Laune nicht verderben!"

Wird das erste Mal gelacht, haben Sie gewonnen! Die Aufmerksamkeit gehört Ihnen und der Angriff auf das rechte Gehirn kann beginnen. Das gilt natürlich nur, wenn Sie den Menschen einen nachhaltigen Nutzen bieten können und wollen, Sie also zum Wohle aller handeln! Verwerflich und unmoralisch wäre es, diese Kunst zu nutzen um überteuerte Time-Sharing-Ferienimmobilien auf Teneriffa oder Rheumadecken und Kochtöpfe verkaufen zu wollen. Aber diese unlauteren Verkäufer kennen diese Tricks ohnehin schon in und auswendig und können hier nichts mehr dazu lernen.

Chronologisch ist es besonders gut, ein Wechselbad der Gefühle hervorzurufen. Auf eine lustige Passage, in der viel gelacht wird, folgt unmittelbar ein ernstes Thema, Ihr Anliegen, Ihre Kernaussage. Danach darf wieder gelacht werden. Die besondere Kunst: Sie müssen die Bilder schneller malen, die Szenen häufiger wechseln, als die Menschen selber denken können. Das eigene innere Szenebild ist noch gar nicht ganz fertig gemalt, und schon wieder bauen Sie eine neue Kulisse auf. Das heißt: Sie bestimmen den Takt. In der Psychologie nennt man das „pacen". Sie legen die Geschwindigkeit vor, die Zuhörer wandeln von nun an nur noch auf Ihren Spuren.

Und jetzt schwenkt unsere Kamera gedanklich auf die Zuschauer. Betrachten Sie die Gesichter, die Minen, den selbstvergessenen Gesichtsausdruck der Menschen, die an Ihren Lippen kleben. Nun sehen Sie den Beweis Ihrer rhetorischen Perfektion. In diesem Augenblick reden gar nicht mehr Sie. ES redet. Sie sind fast genauso entrückt aus Raum und Zeit wie die Zuschauer.

Rhetorik ist eine Macht, die Menschen fesseln, aber auch entfesseln kann.

Sie kommunizieren auf einer viel tieferen Ebene, als es Worte allein jemals könnten. Sie befinden sich im Flow, dem stärksten Glücksgefühl, das der Mensch kennt. Und genau da sind nun auch Ihre Zuhörer, die Ihnen gefolgt sind ohne es zu merken. Bei näherer Betrachtung der Szene sehen Sie, dass nicht nur das Publikum entrückt ist. Auch der Referent ist sich seiner Selbst nicht mehr bewusst. Die Gestik, die Mimik, die Worte fließen aus seinem Innersten, unreflektiert, kein linkes Gehirn filtert seine Worte. Daher sollten Sie es wirklich gut meinen mit Ihren Mitmenschen, denn spätestens jetzt würden Sie sich verraten und Ihren wahren Kern enthüllen.

Eine Einladung zur Gefühlsreise beginnt dann typischer Weise mit Worten wie:

Können Sie sich vorstellen...
Wissen Sie noch wie das war... (z.B. als Sie das erste Mal verliebt waren)
Haben Sie das auch schon mal erlebt...
Kennen Sie das Gefühl, wenn...

Mit solchen einleitenden Worten holen Sie die Menschen ab. Wenn sich die Zuhörer etwas merken sollen ohne mitzuschreiben, muss die Information mit einem Gefühl verknüpft werden.

Der ist der beste Redner, der der Menschen Ohren in Augen verwandeln kann. (Arabische Weisheit)

In manchen Ländern gibt es wirklich noch den Beruf des Geschichtenerzählers. Auf dem Markt von Marrakesch sitzen neben Schlangenbeschwörern, Tandlern, Wasserverkäufern und Händlern Geschichtenerzähler, die ihre Zuhörer gegen kleines Entgelt verzaubern.

Bilder malen mit Worten, hierzu ein Beispiel:
Um meinen Zuhörern im Tagesseminar das Gefühl von Tiefschlaf zu vermitteln, male ich das Bild von einem Baby an der Mutterbrust:

Stellen Sie einmal ein keines Baby vor, dass sich leise röchelnd satt trinkt an der weichen und warmen Mutterbrust. Nach und nach werden die Saugintervalle länger, das leicht schwitzende Baby verdreht die Augen, mit Ihrer Nase schnobern und liebkosen Sie den fast noch

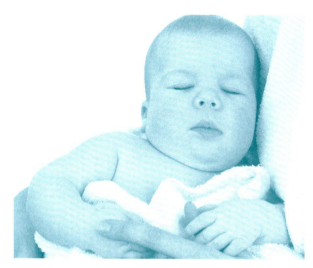

kahlen, duftenden Kinderschädel. Mit einer letzten Anstrengung saugt das Baby noch einmal von der Brustwarze, der Atem wird ganz ruhig und regelmäßig. Und dann fällt das Baby ab von der Mutterbrust wie ein satter Zeck. Das Köpfchen sinkt leicht nach hinten, ein kleines Milchrinnsal läuft heraus aus dem Mäulchen. Nun ist das Baby zu 100 Prozent entspannt, und das kleine Ärmchen, dass Sie anheben fällt vollkommen locker zurück. Das ist Tiefschlaf!

Sofort können Sie sehen, wer von den Teilnehmern Kinder hat. Die Augen sind verklärt, und in Ihrer Erinnerung holen alle, Väter wie Mütter, Opas und Omas, die Bilder von den eigenen Kindern in eben dieser Situation hervor. Und das Gefühl für Tiefschlaf ist da!

Natürlich können Sie nicht bei jedem Vortrag das Publikum zwangsläufig mitreißen und verzaubern. Um den ersten Stein ins Rollen zu bringen, müssen Sie Gas geben und sich mit voller Bühnenpräsenz einbringen. Wenn aber nur 10 Menschen im Raum sitzen, dann geht das nicht. Wer hier mit voller Kraft einsteigt, wird leicht zur Karikatur. Folglich muss man sich vor kleinen Gruppen etwas zurücknehmen. Mit voller Kraft voraus können Sie erst ab ca. 50 Personen durchstarten. Zwischen 100 und 1000 Personen ist der Erfolg praktisch vorprogrammiert. Hier erzeugt die Menge die deutlich spürbare Energiewelle, auf der Sie dann nach Belieben surfen können.

Bei noch größerem Auditorium gelten wieder andere Gesetze. Der Sichtkontakt reißt leider ab. Weder Sie selbst sehen in die letzten Reihen, noch werden Sie sel-

Ab 7 Punkte entspinnt sich im kleineren Kreis noch ein Vortrag nach dem Vortrag.

ber gut gesehen. Die Pausen zwischen den Sätzen müssen länger sein, da Ihre Worte im großen Saal nachhallen.

Innerlich bewerte ich meine soeben gehaltenen Vorträge auf einer Skala von 1 bis 10. Die 1 bedeutet: Du wärst heute morgen besser im Bett geblieben! Die 5 kommt einem „normalen" Vortrag gleich. Nicht Fisch, nicht Fleisch. Darauf braucht man noch nicht stolz zu sein. Der Funke ist nicht übergesprungen, und danach fühle ich mich ausgepumpt und leer. Von der ausgesandten Energie ist nichts zurückgeflossen. Mit der Note 7 beginnt die Zufriedenheit. Das Publikum ist einigermaßen mitgegangen, man weiß aber: man könnte noch besser! Bei 8 und 9 steigert sich die Zufriedenheit zur Begeisterung, und bei der 10 ist der Level der Euphorie erreicht, sowohl bei Ihnen als auch beim Publikum. Ganz selten gönne ich mir auch einmal eine 11, dann hat aber auch wirklich alles gepasst.

Aber Sie sollten sich nicht allein auf Ihre subjektive Vortragsbewertung verlassen. Es gibt auch recht sichere objektive äußere Anzeichen Ihrer Vortragsqualität:

Indikator für schlechte Vorträge: Keiner kennt Sie nach dem Vortrag. Sie gehen heraus aus dem Vortragssaal und die Menschen schauen weg. Auch unmittelbar nach dem Vortrag kommt keiner nach vorne um eine Frage zu stellen. Dann nix wie weg vom Ort der Niederlage. Ab Note 5 kommen einzelne Fragesteller auf Sie zu, und im Foyer wird man relativ freundlich gegrüßt. Zumindest schaut keiner schamvoll weg.

Ab 7 Punkte kommen mehr Fragensteller und die ersten Schulterklopfer. Oft entspinnt sich im kleineren Kreis noch ein Vortrag nach dem Vortrag.

Bei der Note 9 und 10 entstehen Menschentrauben um Sie herum, egal wo Sie gehen und stehen. Hier gönne ich mir regelmäßig noch ein Bad in der Menge, überall wird von Ihrem Vortrag gesprochen, und der Büchertisch ist geplündert. Doch baden Sie nicht zu lange! **Merke: Willst was gelten, mach dich selten.** Nicht dass man Sie als Letzten herauskehren muss!

Und manchmal folgt Ihnen noch ein Schweif von Zuhörern zum Auto, um die letzten Bücher, Videos und Kassetten zu ergattern und kaufen alles, was nicht niet- und nagelfest ist. Oft sind dann im Büro schon wieder neue Vorträge gebucht und Seminare eingecheckt, bevor Sie überhaupt wieder zu Hause angelangt sind. Dann macht Arbeiten so richtig Spaß!

Wenn Sie gerade Ihre rhetorische Karriere starten, so sollten Sie anfangs mit jeder Note über 5 zufrieden sein. Denn man braucht Übung, Übung, Übung, um zur Perfektion zu gelangen. Merken Sie sich jede Passage, die gut angekommen ist und feilen Sie diese Ausführung aus. Registrieren Sie jedes Lachen, und potenzieren Sie es beim nächsten Mal. Manchmal lachen die Menschen an Stellen, wo Sie es gar nicht geahnt hätten. Der Geschmack des Publikums entscheidet. In Zukunft also bitte mehr davon!

Ergreifen Sie anfangs jede Möglichkeit, öffentlich zu reden, am Schopfe. Denn auch hier macht die Übung den Meister. Auch wenn Sie glauben es fehlt Ihnen das Talent. Das stimmt nicht! Jeder kann reden. Auch in Ihnen steckt ein guter Redner. Oft ist es unglaublich, wer mit reden alles Karriere gemacht hat.

Sicherlich ist auch Ihnen bekannt, dass das sprechende Maschinengewehr Dieter-Thomas Heck ziemlich lange keinen geraden Satz herausbrachte, da er enorm stotterte. Auch ich habe um jeden Satz vor mehr als drei Menschen einen großen Bogen gemacht und bin eigentlich zum Reden gekommen wie die Jungfrau zum Kinde. Wenn mir früher jemand erzählt hätte, das ich mit Vorträgen einmal Geld verdienen würde, hätte ich ihn nur müde belächelt.

Also nur Mut, trauen Sie sich! Und nach etwas Übung werden Sie merken, wie einfach das ist und wie viel Spaß es macht, Menschen zu begeistern. Ich wünschen Ihnen von Herzen noch viele Reden mit der Note 10!

Ihr

L. Spitzbart

Michael Spitzbart

NÜTZLICHE ADRESSEN UND LITERATUR

Audio-Übungskassette für die Stimmbildung
Jörg Löhr: „Rhetorik-Stimmtraining leicht gemacht"
ISBN 3-9805845-1-8

Gerhard Reichel: „Zitate, Pointen, Geistesblitze"
ISBN 3-923241-02-X

Jürgen Gesierich: „Intuition"
WESSP. Verlag · ISBN 3-934651-22-4

Aktuelle Informationen über Rhetorikseminare
Büro Dr. Spitzbart · Telefon 0 91 26/47 30

Das Seminar „Fit Forever" von Dr. Michael Spitzbart kann gebucht werden über:
Medical Consultants GmbH · Telefon 0 91 26/47 30

DR. MICHAEL SPITZBART

Jahrgang 1957. Nach dem Medizinstudium in den USA, Belgien und Deutschland spezialisierte er sich auf Akupunktur (insbesondere zur Nikotinentwöhnung) sowie auf präventive und orthomolekulare Medizin. Dr. Spitzbart ist ein Redner von hoher Überzeugungskraft und seine Vorträge zum Thema Stressbewältigung führten ihn schon mehrfach um die ganze Welt.

Mit der Kombination aus seinem Wissen und der Seminartätigkeit verbesserte er schon vielfach die körperliche und geistige Leistungsfähigkeit von Kopfarbeitern und Führungskräften aus Deutschland, Österreich und der Schweiz. Der Erfolg seiner Methode spiegelt sich in der immens anwachsenden Teilnehmerzahl sowie in den unzähligen Berichten der in- und ausländischen Presse wider.

Das Blut der Sieger

Das Blut der Sieger
Dr. Michael Spitzbart
240 farbige Seiten
Zahlreiche Abbildungen
ISBN 3-934651-04-6
€ 18,40 [D]
sFr 33,-

Basiswerte

	Normbereich
Haemoglobin	männl.: über 16 g/d weibl.: über 14 g/d
Leukozyten	3,50-9,00 tsd/ul
Blutzucker	unter 100 mg/dl
Gesamt-Eiweiß	über 7,70 g/dl
Cholesterin	unter 150 m
HDL	männl.: üb weibl.: übe
LDL	unter 130

Erfolg und Gesundheit liegen im Blu

gene Werte	Bedeutung
	Hauptbestandteil der roten Blutkörperchen. Maß der Sauerstoffkapazität (bei Sportlern physiologisch erhöht), erwünschter Effekt des Höhentrainings, pathologisch erhöht bei internistischen Erkrankungen, vermindert meist bei Eisenmangel, seltener bei Vitamin B12- oder Folsäuremangel. In Abwesenheit innerer Erkrankungen: *je höher, desto besser.*
	Weiße Blutkörperchen. Infektionspolizei, erhöht bei z. B. schwelendem Infekt oder Stresssituation.
	Nötig zur Bereitstellung schnell verfügbarer Energien. Das Hirn arbeitet ausschließlich auf Zuckerbasis (Zucker kann der Körper aber selbst herstellen).
	Maßstab für den wichtigsten Bestandteil der lebenden Substanz. Baustein für wichtige Enzyme und Hormone, Transporteur nicht-wasserlöslicher Substanzen im Blut. *Faustregel: je höher, desto besser.*
	Molekulares Grundgerüst vieler Hormone, Bestandteil jeder Zellwand. Erhöhung gravierender Grund für Arteriosklerose und Herzinfarkt. *Faustregel: je niedriger, desto besser.*
	Unterfraktion des Cholesterins, schützt vor Herzinfarkt. *Darum: je höher, desto besser.*
	Unterfraktion des Cholesterins, provoziert Arteriosklerose und Herzinfarkt. *Darum je niedriger, desto besser.*

Ihr persönliches Blutbuch liegt bei:

Die Bedeutung der Aminosäuren und deren Normbereich im Blut.

Tragen Sie Ihre eigenen Werte ein!

Lesen Sie die Empfehlungen von Dr. Spitzbart.

Ihr handlicher Begleiter auf Ihrem Weg zu verbesserten Blutwerten!

Erhältlich im Buchhandel oder unter www.wessp.de

Dr. Michael Spitzbart

FIT FOREVER
3 Säulen für Ihre Leistungsfähigkeit

Fit Forever –
3 Säulen für Ihre Leistungsfähigkeit
168 Seiten
durchweg farbig mit zahlreichen Abbildungen
ISBN 3-934651-00-3
€ 15,20 [D] · sFr 27,50

Das Buch zum Vortrag!

6. DENKEN

Bücher über Mentaltechniken füllen ganze Bibliotheken. Im Leistungssport verfügen heute alle Athleten über das gleiche technische Können und den selben unbändigen Kampfgeist. Doch letztlich bestimmt die mentale Fitness über das Schicksal: Sieger oder „ewiger Zweiter". Die Sieger beherrschen jeden Kniff, mit dem sie ihr Unterbewusstsein gestalten und auf die Spur zu kommen, ist gar nicht so einfach. Dem Adler scheint die Kraft des Windes in die Wiege gelegt zu sein. Er nutzt sie einfach, ohne den Zusammenhang zu begreifen. Die gute Nachricht: Auch mentale Fitness lässt sich trainieren. Ihrem Lebenstraum brauchen Sie dann nicht mehr zu träumen. Sie werden ihn leben.

Zwischen Sieg und Niederlage im Spitzensport entscheidet neben der Fitness die mentale Stärke

Dafür brauchen Sie nur drei Mentaltechniken: Den Formel-1-Reflex, die Gedankenhygiene und die Technik, den inneren Dialog zu beherrschen.

Der Formel-1-Reflex

Der Steinzeitmensch reagierte auf Gefahr immer mit demselben Reflex: Er atmete ein und rannte weg. Heute gehen wir mit Stresssituationen anders um. Das Telefon klingelt zum zehnten Mal. Wir regen uns auf, atmen ein und bleiben hocken. Weil wir nicht mehr wegrennen, erhöht sich im Körper der ph-Wert und damit sinkt der Calcium-Spiegel. Die Folge: Die Nerven liegen blank. Sie sind übererregbar, das nächste Klingeln bringt Sie auf die Palme. Darum: Machen Sie es wie Formel-1-Piloten: Wer mit 180 durch die Schikane brettert, folgt nicht dem instinktiven Einatmen-Reflex, sondern kontrolliert sein Schnaufen

Aus dem Kapitel „Denken". Hier erhalten Sie auch Tipps, wie Sie die Nacht vor Ihrem Vortrag gut schlafen können...!

Steigern Sie Ihre Kreativität und Denkgeschwindigkeit – innerhalb von wenigen Wochen.

Was Sie essen sollten, um sich glücklich zu fühlen und um leistungsfähiger zu werden.

Vergessen Sie Diäten! Sie werden trotzdem Ihr Idealgewicht erreichen.

Lernen Sie, Ihre wichtigsten Blutwerte selbst zu beeinflussen.

Überwinden Sie Ihr altes Ich, indem Sie wirkungsvolle Fitnesstechniken für Höchstleistungen im Alltag erlernen.